道教典籍選刊

老子道德經河上公章句

王卡點校

圖書在版編目(CIP)數據

老子道德經河上公章句/王卡點校. —北京:中華書局,
1993.8(2024.6 重印)
(道教典籍選刊)
ISBN 978-7-101-01080-0

Ⅰ.老… Ⅱ.王… Ⅲ.老子-注釋 Ⅳ.B223.12

中國版本圖書館 CIP 數據核字(2006)第 123250 號

責任編輯: 劉浜江
責任印製: 管 斌

道教典籍選刊
老子道德經河上公章句
王 卡 點校
*
中 華 書 局 出 版 發 行
(北京市豐臺區太平橋西里 38 號 100073)
http://www.zhbc.com.cn
E-mail:zhbc@zhbc.com.cn
三河市宏盛印務有限公司印刷
*
850×1168 毫米 1/32 · 11¼印張 · 2 插頁 · 207 千字
1993 年 8 月第 1 版 2024 年 6 月第 12 次印刷
印數:32001-33500 册 定價:48.00 元

ISBN 978-7-101-01080-0

道教典籍選刊緣起

道教是我國土生土長的宗教，歷史悠久，可以溯源到戰國時期的方術，甚至更古的巫術，而正式形成於東漢時期。它是我國傳統文化的重要組成部分，對我國人民的思維方式、生活方式，對古代科學、技術的發展，都產生過重大影響，並波及社會政治、經濟等各方面。

道教典籍極爲豐富，就道藏而言，多達五千餘卷，是有待進一步發掘、清理和利用的文化遺産之一。爲便於國内外學術界對道教及其影響的研究，便於廣大讀者瞭解道教的概貌，我們初步擬訂了道教典籍選刊的整理出版計劃。其中既有道教最基本的典籍，也包括各種流派的代表作，有不少書與哲學、思想史關係密切。所有項目，都選用較好的版本作爲底本，進行校勘標點。

由於我們缺乏經驗，工作中難免有失誤之處，亟盼關心此項工作的專家和廣大讀者給以指導與幫助。

中華書局編輯部

一九八八年二月

目録

老子德經河上公章句卷四……二三五

前言

老子道德經是我國古代學術名著，歷代注釋者甚多。河上公老子章句是現存老子注本中成書較早，影響較大者。但是，關于此書作者及成書年代，古今中外的學者雖已作了大量的考證，至今仍聚訟紛紜。下面我們就此書作者、時代、思想内容及版本情況略作介紹。

一、河上公章句之作者與年代

河上公章句相傳爲河上丈人或河上公所撰。西漢司馬遷最早提到河上丈人，史記樂毅列傳稱：「樂臣公學黄帝、老子，其本師號曰河上丈人，不知其所出。河上丈人教安期生，安期生教毛翕公，毛翕公教樂瑕公，樂瑕公教樂臣公，樂臣公教蓋公。蓋公教於齊高密、膠西，爲曹相國師。」據史書記載，上述河上丈人的弟子樂瑕公、樂臣公、蓋公，皆係戰國末至西漢初年的著名隱士，遊學齊國，以黄老之學顯名于世。戰國後期的齊國，正是黄老道家學派興盛之地。河上丈人作爲黄老學派的一位祖師，蓋亦爲戰國時人。此派學説的要旨是「貴清静而民自定」，主張以清静无爲治國安民。其説經蓋公傳授曹參，又因曹參入京爲漢相國，遂成爲西漢初統治者制定政策的指導思想。

但是司馬遷對河上丈人的生平事迹已「不知其所出」。至於河上丈人爲老子書作章句，不僅司馬遷未曾提到，班固漢書藝文志不曾著録，現存漢代的所有典籍亦從未有言及之者。

漢末魏晉之際，又有人提到河上丈人。太平御覽卷五一〇引魏嵇康（二二三——二六二年）高士傳云：

> 河上公者，不知何國人也，謂之丈人。隱德無言，無德而稱焉。安丘先生等從之，脩其黄老業。

又御覽卷五〇七引魏晉皇甫謐（二一五——二八二年）高士傳云：

> 河上丈人者，不知何國人也。明老子之術，自匿姓名，居河之濱，著老子章句，故世號曰河上丈人。當戰國之末，諸侯交爭，馳説之士咸以權勢相傾，唯丈人隱身修道，老而不虧。傳業於安期生，爲道家之宗焉。

按皇甫謐已提到戰國時河上丈人著老子章句，這説明至遲在魏晉之際該書已傳世。

三國志吴書薛綜傳稱：吴太子少傅薛綜撰有二京解，即注解漢張衡二京賦。薛注現保存在唐李善的文選注卷二和卷三。其中卷三的東京賦注引用了河上公老子注文，共三條。有兩條是李善注所引，有一條則係薛綜注所引，是河上公注老子第四十六章「天下有道，卻走馬以糞」一句的注文。薛綜卒於吴赤烏三年（二四三年）春，如果文選卷三的薛注引文可靠，就更證明河上公章句的問世在三國以前。但這還不是河上公注成書的下限。據饒宗頤先生老子想爾注校箋一書考證：東漢末道教天師張陵或張魯所作的老子想爾注一書與河上注有關，「想爾注部分取自河上。想爾爲張陵或張魯作，蓋曾見河上公注，則河上注成書，明在張陵立教之前」。

東漢時期，受古文經學影響，章句之體風行。如樊英撰易章句，劉表有周易章句，桓榮、桓郁父子並有歐陽尚書章句，張魚、盧植各撰尚書章句，伏恭有齊詩章句，薛漢、張匡各有韓詩章句，景鸞、蔡邕皆作月令章句，樊儵删定公羊嚴氏春秋章句，楊終作春秋外傳改定章句，鄭衆有國語章句，包咸撰論語章句，趙岐、程曾各撰孟子章句，以及王逸楚辭章句，等等。章句之體，西漢已有，但東漢後期尤爲盛行。河上公老子章句在文體上正反映當時學風。而自魏王弼（二二六——二四九年）注解周易、老子之後，魏晉玄學新風大興，而經學章句之風衰謝，「通人惡煩，羞學章句」。（文心雕龍論説篇）因此河上章句之作，於理應在王弼之前。從思想內容來分析，河上注文主要以漢代黄老學思想解説老子，而與魏晉玄學家以哲學本體論解老有所不同，更不同於東晉南朝以後道教徒以羼雜佛學義理的重玄哲學疏解老子。這應是我們判斷河上章句時代的主要根據。

當然，河上章句的成書時代也不應早至戰國或西漢初。因爲漢書藝文志未曾著録此書。而且據孔穎達禮記正義稱：東漢學者馬融注周禮，始採用「就經爲注」形式，改變以前經文與注文分開的形式。河上公章句在形式上正是「就經爲注」的，應成書於馬融（七九——一六六年）之後。

總之，河上公章句應成書於西漢之後，魏晉之前，大約在東漢中後期。王明先生老子河上公章句考推測章句約爲後漢桓帝或靈帝時黄老學者僞託戰國時河上丈人所作，其説大體可信。這樣説也不否認現存河上章句傳本中有魏晉以後所增益的文字。

河上公章句雖出於漢代，但其廣泛傳布，則與東晉南朝以來神仙道教的發展有關。道教徒的慣例，喜歡把晚出的道書託稱爲太上老君或某位神仙真人降世傳授的。道書中有許多編造的神人授經故事。晉代著名道教學者葛洪，在其神仙傳一書中，就首先編造了一個西漢初神人河上公傳授漢文帝老子章句的神話故事。據今本神仙傳卷三河上公傳稱：

河上公者，莫知其姓字。漢文帝時，公結草爲菴於河之濱。帝讀老子經，頗好之，敕諸王公及大臣皆誦之，有所不解數事，時人莫能道之。聞時皆稱河上公解老子經義旨，乃使齎所不決之事以問。公曰：「道尊德貴，非可遥問也。」帝即幸其庵，躬問之。帝曰：「普天之下，莫非王土；率土之濱，莫非王臣。域中有四大，王居其一。子雖有道，猶朕民也，不能自屈，何乃高乎？」公即拊掌坐躍，冉冉在虚空中，去地數丈。俛仰而答曰：「余上不至天，中不累人，下不居地，何民臣之有？」帝乃下車稽首曰：「朕以不德，忝統先業，才小任大，憂於不堪，雖治世事，而心敬道，直以暗昧，多所不了，唯願道君有以教之。」公乃授素書二卷與帝，曰：「熟研之，此經所疑皆了，不事多言也。余注是經以來，一千七百餘年，凡傳三人，連子四矣，勿以示非其人。」言畢，失公所在。須臾，雲霧晦冥，天地泯合。帝甚貴之。論者以爲：文帝好老子之言，世人不能盡通，故神人特下教之。而恐漢文心未至信，故示神變。所謂聖人无常心，以百姓心爲心耶！

葛洪編造的神人河上公授書漢文帝故事，情節荒誕離奇，但卻爲後來的道教徒所深信不疑。東晉後期至南朝齊梁間，道教在江南各地迅速發展，不少貴族門閥士人信仰道教，僞託神仙真人降授的大批道經被編造出世，並形成傳習這些道經的道教門派。例如東晉興寧二年（三六四年），葛洪同鄉的丹陽郡句容縣士族許謐、許翽父子與道士楊羲合作，編造大批上清經，託稱魏夫人等神真降授，後經南朝齊梁著名道士陶弘景發揚弘大，形成以江東茅山爲中心的道教上清派。又如葛洪從孫葛巢甫，也在東晉末年造作大批靈寶經，僞託是太極真人降授葛洪從祖父，三國時東吴道士葛玄，葛玄傳弟子鄭思遠，鄭又傳弟子葛洪。後經南朝劉宋著名道士陸脩靜整理增脩，形成道教靈寶一派。

在這樣的背景下，南朝道教徒對早期天師道奉誦的道德經五千文，也加以整理增删，編造神話，形成道教三洞四輔經典體系中的太玄部經。尤其是號稱「祖述三張，弘衍二葛」的靈寶派道士，在這方面更是不遺餘力。例如老子道德經在東晉南朝被删定爲一種五千字的文本，並有人僞託葛玄作老子道德經序訣，大肆宣揚老子授尹喜五千文、河上公授漢文帝老子章句的神異故事。這篇文章有大段内容都取材於葛洪神仙傳和晉宋之際問世的靈寶經，尤其是現道藏中所收的上清太極隱注玉經寶訣、太極真人敷靈寶齋戒威儀諸經要訣等書。（關於葛玄老子道德經序訣，詳見本書附録）

上述太極隱注玉經寶訣等東晉南朝道經，對神仙傳的河上公傳經故事喧染得更爲神奇，如河上公被説成是太上真人（老子）降世的化身，誦讀河上真人章句可以登天成仙。太極隱注稱：

太極真人曰：……逮至漢孝文皇帝，好樂道德，精誠虚盡，太上真人降乎河上，以化文帝。真人時自誦經。帝未弘道義幽冥之理，既心之所渴，聞有異人，踊躍即親駕詣之，稽首禮問動靜，諮請道真。真人爲其章句，略其一隅，通其所滯也。夫此經之賾難究矣，故曰不可思而議也，然自足令文帝託刊霄冥，保景乘雲，散轡飛龍，徑登天堂金華宫中，及諸天人講誦爲事矣，亦仙道之次者也。

……夫讀河上真人一章，則徹太上玉京，諸天仙人叉手稱善，傳聲三界，魔王禮於堂中，酆都執敬，稽首於法師矣。河上真人則道德經之法師也，所以尊其章句焉。

像這樣的神話，屬於神仙道教徒的宗教宣傳，本無足論，但由此亦可見河上公章句在當時道教中影響甚大。南北朝以至隋唐之際，以老子道德經（五千文本）、河上公章句、老子想爾注爲主，加上一些有關的符圖、儀式書和神仙傳紀，組成了道教經典體系中的一個重要部分，即太玄部道經。例如約成書於梁朝末或隋唐之際的道書三洞奉道科戒儀範，著録道教「高玄弟子」所受道經目録如左：

老子道德經二卷、河上真人注上下二卷、想爾注二卷、五千文朝儀一卷、雜説一卷、關令内傳一卷、誡文一卷。

右受稱高玄弟子（參見敦煌寫經P二三三七號）

又如道藏楹字號所收傳授經戒儀注訣，載太玄部道經目録如左：

太玄部卷第一：老君大字本道經上；

太玄部卷第二：老君大字本德經下；

太玄部卷第三：老君道經上道經下河上公章句；

太玄部卷第四：老君德經上德經下河上公章句；

太玄部卷第五：老君道經上想爾訓；

太玄部卷第六：老君德經下想爾訓；

太玄部卷第七：老君思神圖注訣；

太玄部卷第八：老君傳授經戒儀注訣；

太玄部卷第九：老君自然朝儀注訣；

太玄部卷第十：老君自然齋儀。

又如道藏肆字號所收唐先天元年道士張萬福撰傳授經戒法籙略説，載道德經目如左：

道德上下二卷、河上公注上下二卷、想爾注上下二卷、大存圖一卷、傳儀一卷、朝儀一卷、齋儀一卷。此太玄經所明，應受持脩行。

由於河上公章句爲道教徒所重視，成爲他們必須傳授修習的經典之一，於是在社會上流傳日漸廣泛。據梁朝虞龢論書表所載，東晉書法家王羲之曾爲山陰道士書寫河上公老子，換取白鵝，傳爲書法史上一段佳話。王羲之本人是東晉士族中著名的五斗米道徒。到了南北朝末至隋唐之際，不信道教的僧人儒士也頗引述河上章句。如梁元帝金樓子立言篇、北周釋甄鸞笑道論並引河上公序，梁皇侃論語義疏引河上注文。隋蕭吉五行大義、唐初陸德明經典釋文、釋法琳辨正論、李善文選注、馬總意林，以及魏徵群書治要等書，也都引述河上公注文字。據唐六典國學所教授經載：唐初官方學校教授老子所用課本即爲河上公章句，直至開元七年，才以唐玄宗御注道德經取代河上注。但玄宗御注本所用老子經文仍爲河上本。開元初，學者劉知幾上書稱老子無河上公注，請廢河上而存王弼注。宰相宋璟、博士司馬貞等共黜其言，請二家兼行，玄宗下詔認可。由此可見河上注在當時影響之大。唐以後，河上、王弼二注作爲道德經的主要注本，一直廣爲流傳。

二、河上公章句之主要思想内容

河上公章句作爲東漢黄老學者的著作，其主要内容是以漢代流行的黄老學派無爲治國、清靜養生的觀點解釋老子經文。天道與人事相通，治國與治身之道相同，二者皆本於清虚無爲的自然之道，這是河上公章句的基本思想。故陸德明經典釋文概括此書要旨爲「言治國治身之要」。

從天道自然無爲，元氣化生萬物的宇宙生成論出發，本着天人合一，國身相同的觀點，用自然法則來論述治國養生之道，尋求能使國家太平長治，個人長生久壽的方法，這是自戰國秦漢以來黄老道家學説的基本内容。漢代發達的政治學和醫藥養生學，在思想上無不受到黄老學派的影響。但是西漢初期的黄老學，比較偏重于探討安邦治國的「經術政教之道」。河上丈人這一齊國黄老學派「貴清靜而民自定」的政治主張，由於適合漢初經濟凋敝，人民亟需休養生息的形勢，由蓋公傳與曹參，並得到漢文帝、竇太后等最高統治者的大力提倡，在漢初盛行了七十餘年。及至漢武帝即位，採納董仲舒建議，「罷黜百家，獨尊儒術」，儒家經學成爲官方的統治思想，黄老學遂退出政治舞台。

但是，作爲「經術政教之道」的黄老派政治學説雖然不時興了，以個人治身養性爲主旨的黄老學説卻在繼續發展。特别是在漢武帝迷信神仙方士，漢代社會追求長生成仙風氣盛行的背景下，黄老養生學的發展更得到十分有利的條件。到了東漢，黄老學已演變爲偏重個人養生成仙的學説。王充論衡道虛篇稱：「世或以老子之道爲可以度世，恬澹無欲，養精愛氣。」後漢書矯慎傳載吳蒼致矯慎之書曰：「蓋聞黃老之言，乘虛入冥，藏身遠遯，亦有理國養人，施於爲政。」可見東漢人認爲黃老學的主旨是養生成仙，而非「理國養人，施於爲政」。東漢統治者中頗有人喜愛黃老養生之術，甚至以黃老作爲祭祀崇拜的神靈，禱祠求福。後漢書光武帝紀載皇太子勸諫光武帝曰：「陛下有禹湯之明，而失黃老養性之福，願頤愛精神，優遊自寧。」又楚王英傳稱：「英晚節更喜黃老，學爲浮屠，齋戒祭祀。」漢桓帝延熹八年，兩次遣使者去陳國苦縣祭老子，欲求成仙。邊韶老子銘云：「延熹八年八月甲子，皇上尚德弘道，含閎光大，存神養性，意在凌雲。是以潛心黃軒，同符高宗，夢見老子，尊而祀之。」延熹九年，桓帝又親祀老子於濯龍宮，「設華蓋之坐，用郊天樂」（後漢書桓帝紀、郊祀志）。漢靈帝熹平二年，陳國相師遷奏前相魏愔與陳愍王劉寵共祭天神，希幸非冀，罪至不道。魏愔辭與王共祭黃老君，求長生福而已，無它冀幸（後漢書陳敬王羨傳）。可見到了東漢後期，祭黃老求長生已成爲帝王貴冑之常事。這種風氣對桓、靈之世民間奉祀黃老的原始道教組織太平道和五斗米道的形成，有直接的影響。

從上述漢代黃老學説發展演變的過程，可以更清楚地看出河上公章句以黃老思想解説道德經的時代特徵。首先，河上公章句關於天地萬物生成過程的解釋，完全符合漢代黃老學的元氣自然論。河上公注老子第四十二章「道生一，一生二，二生三，三生萬物。萬物負陰而抱陽，沖氣以爲和」，其文云：

> 道始所生者一，一生陰與陽也，陰陽生和、清、濁三氣，分爲天地人也。天地人共生萬物，天施地化，人長養之也。萬物無不負陰而向陽，回心而就日。萬物之中皆有元氣，得以和柔，若胷中有

藏、骨中有髓、草木中有空虛與氣通，故得久生也。

可見河上公是以黄老家宇宙論作爲個人養生的理論根據。這種思想，早在西漢黄老學集大成著作淮南子中已有完整的表述。關於天人相通的觀點在河上注中也有表述。如四十七章注稱：「天道與人道同，天人相通，精氣相貫。」從這種觀點出發，河上公以天道自然無爲的法則論述了黄老學的兩項基本内容，即治國與治身之道。河上注文常以治國與治身並舉，「説聖人治國與治身同也」（三章）。治國的目的在於安定人民，致國太平長久，其要點在於愛惜民財，不爲奢泰淫侈，嗜武濫刑。治身的目的在於身心清静安寧，達到長生久壽，其要旨在於愛氣養神，除情去欲，不爲煩勞放縱。二者共同之處在於皆效法自然，「無爲養神、無事安民」。故河上注云：

治身者愛氣則身全，治國者愛民則國安。治身者呼吸精氣，無令耳聞也；治國者布施德惠，無令下知也。（十章）

治身者當除情去欲，使五藏空虛，神乃歸之也。治國者寡能，摠衆弱共扶强也。（十一章）

聖人守大道，則天下萬民移心歸往之也。治身則天降神明，往來於己也。萬民歸往而不傷害，則國安家寧而致太平矣。治身不害神明，則身安而大壽也。用道治國則國安民昌，治身則壽命延長，無有盡時也。（三十五章）

法道無爲，治身則有益精神，治國則有益萬民，不勞煩也。（四十三章）

人能知止足則福禄在於己，治身者神不勞，治國者民不擾，故可長久。（四十四章）

治國者當愛惜民財，不爲奢泰；治身者當愛惜精氣，不爲放逸。夫獨愛民財、愛精氣，則能先得天道也。（五十九章）

治國煩則下亂，治身煩則精散。（六十章）

治身治國安靜者易守持也。（六十四章）

治國者刑罰酷深，民不聊生，故不畏死也。治身者嗜欲傷神，貪財殺身，民不知畏之也。（七十四章）

河上公章句對治國與治身之道雖皆有論述，但其重點卻在治身養生，帶有東漢黄老學的特徵。故全書第一章開宗明義：

道可道——謂經術政教之道也；

非常道——非自然長生之道也。

按老子「道可道，非常道」二句經文的原義，是説：可以用言詞表達的道並非「常道」。「常道」是老子哲學特有的概念，幽深玄妙，只可意會而不可言説。河上公解釋「常道」爲「自然長生之道」，而非「經術政教之道」，這未必符合老子原義，但卻表明了作者輕視治國而偏重養生長壽之道的傾向。第六十四章注云：「聖人學人所不能學。人學智詐，聖人學自然；人學治世，聖人學治身。」更清楚表明了作者輕治國而重治身的思想。

道家養生學的内容，主要是講怎樣通過精神形體的鍛煉修養，達到戰勝疾病衰老，長生久壽，甚至不死成仙的目的。莊子刻意篇中已提到：「吹呴呼吸，吐故納新，熊經鳥伸，爲壽而已矣。此道養形之人，彭祖壽考者之所好也。」呂氏春秋與淮南子二書中皆有黄老家論養生的内容。漢著録的醫藥、房中、神仙家著作多託名黄帝、容成等上古真人，與黄老學有密切關係。但直接生思想來解釋老子的漢代典籍，現存僅有河上公章句一書。

根據黄帝内經、馬王堆出土的醫藥養生書、導引圖，以及江陵張家山出土的漢簡引書等資漢代醫藥養生方術門類頗多，主要有服食方藥、導引行氣、房中固精、守一存神等幾大類。服食括草木藥與金石藥）的目的在於借藥物的外力保養身體，延年祛病，後來道教的外丹方術即源氣、房中、存神等方術，則是要通過保養人體内的精氣神等維持生命的要素，調節人體自身功延年，後世道教的内丹養生術由此發展而成。河上公章句的養生方法主要屬於内修方術。黄認爲：人身之精、氣、神三者是維持生命基本要素，或稱爲「三寶」。人之衰老病死，皆因三寶虧故欲長生者，必須重視精氣神的保養。故太平經有云：「人欲壽者，乃當愛氣、尊神、重精也。中、存神，就是早期道家及道教保養精氣神的三大養生要術。河上公章句對此三項皆有論述。

首先，關於行氣術，河上公認爲人稟天地之和氣而生，和氣散則死亡，故善攝生者必須保「治身者愛氣則身全」。保存的方法在於調節鼻口呼吸，使呼吸輕柔緩慢。故曰：

> 不死之道在於玄牝。玄，天也，於人爲鼻；牝，地也，於人爲口。鼻口之門，乃是通天地從往來。鼻口呼噏喘息，當綿綿微妙，若可存，復若无有。用氣當寬舒，不當急疾勤勞也。

人能抱一使不離於身，則長存。一者道始所生，太和之精氣也。專守精氣使不亂，則形體應之而柔順。

治身者呼吸精氣，無令耳聞也……治身天門謂鼻孔，開謂喘息，闔謂呼吸也。（十章）

其次，關於房中固精之道。河上公稱男女之精爲「精氣」，認爲「治身者當愛惜精氣而不爲放逸」。保養精氣的方法，一是在男女交合中節欲重施，勿使精氣漏泄，其次則有還精補脑之法。河上注稱：

愛精重施，髓滿骨堅。（三章）

人以氣爲根，以精爲蔕。如樹根不深則拔，菓蔕不堅則落。言當深藏其氣，固守其精，使無漏泄。深根固蔕者，乃長生久視之道。（五十九章）

治身者卻陽精以糞其身。（四十六章）

最後，關於保養精神之道。河上公認爲：「人之所以有生者，以有精神。精神託空虛，喜清靜。飲食不節，忽道念色，邪僻滿腹，爲伐本厭神。」（七十二章）案河上公所謂的精神，不僅指的是人的心思觀念，而且有神靈的含義，即駐守人體五藏之中的魂靈。人之精神易受外界聲色財貨誘惑，產生嗜欲貪念，使精神勞動，離形而去，如此則生命危矣。故欲長生者必須除情去欲，保持五藏空虛，精神安靜，形神相抱不離。河上注文屢言此道，如云：

人能除情欲、節滋味，清五藏，則神明居之也。（五章）

人能養神則不死也。神謂五藏之神，肝藏魂，肺藏魄，心藏神，腎藏精，脾藏志。五藏盡傷，則五神去矣。

人載魂魄之上得以生，當愛養之。喜怒亡魂，卒驚傷魄。魂在肝，魄在肺。美酒甘肴，腐人肝肺。故魂靜志道不亂，魄安得壽延年也。（十章）

治身者當除情去欲，使五藏空虛，神乃歸之也。（十一章）

上述行氣、固精、養神三項養生方術，上承漢代黃老道家之學，下啓魏晉神仙道教。東晉南朝葛洪的抱朴子内篇和上清派經典，對河上公章句的養生術又有進一步的發展。河上公章句之所以爲後世道教徒重視，其原因正在於此。

三、河上公章句之傳世版本

河上公章句自東晉南朝廣爲流傳，至唐初已出現不同版本。如唐初陸德明經典釋文所引河上公章句，就有所謂「河上本」與「河上一本」的區別。又據宋謝守灝混元聖紀卷三稱：唐初傅奕考覈道德經衆本，勘數其字，河上丈人本，齊處士仇嶽家傳，有五千七百二十二字；河上公本，有五千五百五十五字，或五千五百九十字。又據唐成玄英老子道德經開題序訣義疏稱：河上公本道德經較五千文本多五百四十餘字。可見唐初河上章句的經文字數就有四種不同傳本。此外，隋蕭吉五行大義和唐釋法琳辨正論所引河上注文，也有不見於今本者。從唐代至今，經歷代道流學者傳抄、翻刻、校點、節録、引述，現存有關河上章句的版本和文獻資料甚多，僅筆者聞見所及就有數十種。大體可分爲以下幾大類：

一、唐代鈔本及引述文獻。敦煌遺書有唐鈔河上章句三種，即S四七七、S四六八一——P二六三九、S三九二六號寫本。另外陸德明經典釋文、魏徵群書治要、馬總意林、李善文選注等唐代典籍亦摘録或引述河上章句。鎮江焦山寺有唐刻河上本道德經幢。以上諸本皆殘闕不全，但尚可大致窺見唐代傳本原貌，並可以之鑒別後代傳本之優劣。唐代傳本各章無章名，是與後代傳本的重要區別。

二、日本舊鈔本和刻本。日本現存河上章句鈔本、刻本不少，其中有些較早的版本。如大阪圖書館藏天文舊鈔本、慶長頃活字本，京都大學藏近衛家本，仙臺瀧川君山藏舊鈔本，奈良聖語藏尊收藏鎌倉舊鈔本等等。據武内義雄老子研究第五章考校，日本鈔本比較接近唐鈔本原貌，在版本上勝過中國刻本。特別值得注意的是，日本鈔本卷首有葛洪所撰序文，其内容與中國刻本卷首之葛玄老子道德經序訣不同，卻與梁元帝金樓子、北周甄鸞笑道論、唐陸德明經典釋文、唐顔師古注玄言新記明老部等書所引河上公序文内容相近。

三、宋刻本。宋刻河上章句的代表爲四部叢刊影印常熟瞿氏鐵琴銅劍樓藏宋建安虞氏刊本，以及天禄琳琅叢書影印宋劉氏麻沙本。二者文字幾乎完全相同，皆爲宋代麻沙坊刻本。此本卷首有葛玄序訣，各章前有章名，注文中附有音釋，並雜入王弼、唐明皇注語，且多用生僻異體字，這些都與敦煌唐寫本不符，當係宋人所加。明以後刻本多源於此本。

四、纂圖互助本。此本清人著録頗多，如孫星衍平津館鑒藏書籍記、陸心源儀顧堂書跋、葉昌熾滂喜齋藏書記、王頌蔚古書經眼録、瞿鏞鐵琴銅劍樓藏書目録等均有著録。各家所記行格款式略有不同，或謂之宋本，或定爲元本。此本刻印拙劣，搜羅煩雜。卷首有初真圖、金丹圖、老氏聖記圖、混元三寶圖等宋元道士煉内丹圖解。注文中又録有音釋、重言、重意、互註、解曰等内容。其互註、解曰鈔自南宋林希逸老子口義。所收河上注文任意增删，與它本大異。大概此本爲南宋景定間龔士卨所刻，雖年代較早，但其校勘價值甚低。

五、道藏諸本。明正統道藏收入老子河上注一種，另有全録或節録河上注文的其它老子注本七八種。按道藏雖刻於明代，其前身則爲唐宋金元編修之舊道藏，故所收道書頗有保存古本原貌者。如道藏本河上注及顧歡道德真經注疏、强思齊道德真經玄德纂疏所録河上注文，比較接近唐鈔本，宋張氏道德真經集注、金李霖道德真經取善集所録河上注文則近於宋刻本，其版本價值較高。

六、明清刻本。明清時代河上章句刻本及其它評點、注釋老子之書有引録河上注文者，多達數十種。其中如明世德堂刊六子本、明刊中都四子集本、清四庫全書本，雖號稱善本，但大抵本於宋刻本，其版本價值不高。

河上公章句作爲流傳既久且廣的老子古注，歷代研究整理者頗多。據杜光庭道德真經廣聖義著録，唐道士王玄辯已有老子河上公釋義十卷。近代校刻此書者有清道光間高郵王用之刻重校老子河上公注二卷，光緒二十年湖南學庫山房元記書局校刻河上公章句（成都華西大學圖書館藏）。民國年間蒙文通先生曾以道藏諸本、四部叢刊影宋本、天禄琳琅叢書影宋本、明世德堂本合校，原四川圖書館有石印蒙氏校本。台灣中華書局一九七一年出版鄭成海老子河上公斠理。

此次點校，筆者雖多方搜求，欲爲學者提供一個比較精審可讀的本子，然才疏學淺，恐難達到目的。疏漏之處，還望讀者指正。

王卡

一九八四年四月

凡例

一、本書以四部叢刊影印鐵琴銅劍樓藏南宋建安虞氏刊本爲底本，簡稱影宋本。影宋本注文中竄入的音釋及王弼、唐明皇注文，悉數删除。影宋本各章之章名，雖爲唐寫本所無，但爲讀者翻檢方便，姑予保留。

二、本書參校版本，主要有敦煌唐寫本、道藏諸本、天禄琳琅叢書影宋本。其它唐宋典籍中摘録或引述之河上公注文，亦作爲參校資料。各參校版本簡稱，參見本書附録三。

三、本書中的老子經文，均依諸河上本點校，其它系統版本，如馬王堆帛書本、王弼本、傅奕古本等，均不予採用，以求保持河上本原貌。

四、凡在本書中多次出現的異體字，如「暉、煇」，「迹、跡」，「無、无」，「萬、万」，「嬰、孾」等，一般均依影宋本，如需改動者在校記中注明。注文句尾之「也」字，一般亦以影宋本爲準，如有增減則於校記中注明。

五、凡改動之字，皆於校記中説明改字依據，添補之字加方括號〔　〕作爲識别。

六、前人著述中有關河上公章句之校、跋語，酌情採入有關章節。所引文獻目録，詳見本書附録四。

老子道經河上公章句卷一

體道第一〔一〕

道可道，

謂經術政教之道也。

非常道。

非自然長生之道也。常道〔二〕當以無爲養神〔三〕，無事安民，含光藏暉，滅迹匿端，不可稱道。

名可名，

謂富貴尊榮，高世〔四〕之名也。

非常名。

非自然常在之名也。常名〔五〕當如嬰兒之未言〔六〕，雞子之未分，明珠在蚌中，美玉處石間〔七〕，內雖昭昭，外如愚頑〔八〕。

無名，天地之始；

無名者謂道〔九〕，道無形〔一〇〕，故不可名也。始者道本也〔一一〕，吐氣布化，出於虛无，爲天地本始也〔一二〕。

有名，萬物之母〔一三〕。

有名謂天地。天地有形位、〔有〕陰陽〔一四〕、有柔剛〔一五〕，是其有名也〔一六〕。萬物母者，天地含氣生萬物〔一七〕，長大成熟〔一八〕，如母之養子也。

故常無欲，以觀其妙。

妙，要也。人常能無欲，則可以觀道之要〔一九〕，要謂一也。一出布名道，讚敍明是非〔也〕〔二〇〕。

常有欲，以觀其徼。

徼，歸也。常有欲之人，可以觀世俗之所歸趣也〔二一〕。

此兩者，同出而異名。

兩者，謂有欲無欲也。同出者，同出人心也〔二二〕。而異名者〔二三〕，所名各異也〔二四〕。名無欲者長存，名有欲者亡身也〔二五〕。

同謂之玄。

玄，天也〔二六〕。言有欲之人與無欲之人〔二七〕，同受氣於天也。

玄之又玄，

天中復有天也。稟氣有厚薄〔二八〕，得中和滋液則生賢聖，得錯亂汙辱則生貪淫也〔二九〕。

衆妙之門。

能知天中復有天，稟氣有厚薄，除情去欲〔三〇〕，守中和〔三一〕，是謂知道要之門户也〔三二〕。

校勘記

〔一〕河上章句各章之前，影宋本、天禄本、道藏本並有章名，敦煌各本及唐代其它版本均無章名，日本鈔本如天文本亦無章名，但有鈔寫者的眉批「道可道第一，體道第一」云云。今案章名當係後人所加，唐以前無此。今姑且保存宋本原貌。

〔二〕顧本「道」下有「者」字。

〔三〕劉本「當」字作「常」，集注本無「當」。

〔四〕劉本「高世」作「萬世」。

〔五〕顧本「常名」下有「者」字。

〔六〕影宋本「當」字誤作「愛」，據道藏本、集注本、强本、顧本及劉本改。又影宋本、天禄本凡「嬰」字皆作「孾」，今據它本改作「嬰」，後文不復出校記。

〔七〕道藏本「處」字作「在」。

〔八〕「愚頑」，影宋本原誤作「愚頭」，道藏本與顧本作「頑愚」，今據集注本、强本、劉本及天禄本改作「愚頑」

〔九〕强本此句作「無名者道也」，道藏本無「者」字，顧本句末有「也」字。

〔一〇〕强本「道」字上有「謂」字。

〔一一〕道藏本「道」字下有「之」字，顧本與强本並無「本也」二字。

〔一二〕道藏本此句作「爲天地之本始者也」，强本作「爲天地始」。

〔一三〕强本經文「天地之始」、「萬物之母」二句並無「之」字。

〔一四〕影宋本「陰陽」上原缺「有」字，今據顧本補。

〔一五〕道藏本、劉本「柔剛」並作「剛柔」。

〔一六〕道藏本、顧本、强本皆缺「有名」之「有」字。

〔一七〕强本此句作「天地合炁而生萬物」。

〔一八〕道藏本、集注本「成熟」並作「成就」。

〔一九〕道藏本此句作「則以觀道之要妙」。顧本「道」字上有「大」字。

〔二〇〕道藏本「讚」字作「嘖」。集注本缺「一出布名道讚敍明是非也」十一字。又影宋本原無句末「也」字，據天禄本及道藏本、顧本、强本、劉本加。

〔二一〕影宋本、天禄本此句後原有「徼古吊反」，案此音釋乃宋刻本所添加，敦煌唐寫本、道藏諸本及日本舊鈔本、刻本皆無此注音，今據之删除。後文不復出校記。

〔二二〕道藏本此句作「謂同於人心」，顧本作「同出人之心也」。

〔二三〕道藏本、顧本無「而」字。

〔二四〕集注本此句作「所名異也」，道藏本作「所名曰異」。

〔二五〕顧本「無欲」、「有欲」二句首並無「名」字。又强本此段注文作「有欲無欲，同出人心。無欲長存，有欲亡身，故異也」。

〔二六〕顧本「玄」下有「者」字。

〔二七〕道藏本句首「言」字作「謂」。强本此句作「言有欲無欲之人」。

〔二八〕顧本「稟氣」上有「言」字，强本「氣」字作「炁」。

〔二九〕「污辱」，劉本作「汙辱」，道藏本、集注本、强本並作「濁辱」，顧本作「濁厚」。

〔三〇〕道藏本、集注本、强本皆無「去」字。顧本「除」字上多「人」字。

〔三一〕顧本「守」字下有「於」字。

〔三二〕道藏本此句作「是謂知道要妙之門也」，顧本作「是謂知道之門也」。

養身第二

天下皆知美之爲美，

自揚己美，使顯彰也〔一〕。

斯惡已；

有危亡也〔二〕。

皆知善之爲善，

有功名也。

斯不善已。

人所爭也。

故有無相生〔三〕，

見有而爲無也。

難易相成，

見難而爲易也。

長短相形，

見短而爲長也〔四〕。

高下相傾，

見高而爲下也。

音聲相和，

上唱下必和也。

前後相隨。

上行下必隨也〔五〕。

是以聖人處無爲之事，

以道治也。

行不言之教。

以身帥導之也〔六〕。

萬物作焉而不辭。

各自動作〔七〕，不辭謝而逆止〔八〕。

生而不有，

元氣生萬物而不有〔九〕。

爲而不恃，

道所施爲〔一〇〕，不恃望其報也〔一一〕。

功成而弗居〔一二〕。

功成事就，退避不居其位。

夫惟功成不居其位。

夫惟弗居〔一三〕，

是以不去。

福德常在，不去其身也。此言不行不可隨，不言不可知矣〔一四〕。上六句有高下長短，君〔一五〕開一源，下生百端，百端之變，无不動亂〔一六〕。

校勘記

〔一〕集注本、劉本「使」字作「便」。

〔二〕集注本此句作「有羸玉也」。强本「亡」字作「忘」。

〔三〕案經文「有無相生」至「前後相隨」六句「相」字上，廣明幢及道藏本多插入「之」字。李道純曰：「『有無相生』已下六句，多加一『之』字者，非也。」李説是。

〔四〕道藏本此句作「見短之相形也」。

〔五〕劉本「隨」作「傾」。强本「也」作「之」。

〔六〕影宋本「帥」字原作「師」，治要、顧本、集注本俱作「帥」，案作「帥」字是，今據改。又治要、道藏本「導」字並作「道」。

道藏本句末無「之也」二字。

〔七〕「動作」，影宋本原作「動也」，治要、顧本及道藏本皆作「動作」，與經文「萬物作焉」相應，今據改。

〔八〕治要句末有「之也」二字。于省吾云：辭乃嗣之借字，嗣者司也。司訓主，「萬物作焉而不司」，言萬物作焉而不爲之主也，與下「生而不有，爲而不恃，功成而弗居」語例同。俞樾曰：河上公注謂「不辭謝而逆止」，非也。案于俞二説是。

〔九〕意林、强本此句作「元炁生萬物不有也」。

〔一〇〕意林無「爲」字。

〔一一〕强本此句作「不恃其報」，道藏本作「不望其報」，意林作「不求其報」。

〔一二〕道藏本無「而」字。强本「弗」作「不」。

〔一三〕「弗居」，道藏本與强本並作「不居」。

〔一四〕句末「矣」字影宋本及諸本皆作「疾」，惟劉本作「矣」。案作「疾」字與前後文義不符，當從劉本作「矣」。

〔一五〕道藏本、集注本「君」字並作「若」。

〔一六〕强本句末有「者也」二字。

安民第三

不尚賢，

賢謂世俗之賢，辯口明文，離道行權，去質爲文也。不尚者，不貴之以祿，不尊之以官也〔一〕。

使民不爭；

不爭功名〔二〕，返自然也〔三〕。

不貴難得之貨，

言人君不御好珍寶〔四〕，黄金〔五〕棄於山，珠玉捐於淵也。

使民不爲盜；

上化清淨〔六〕，下无貪人。

不見可欲，

放鄭聲，遠佞人〔七〕。

使心不亂。

不邪淫，不惑亂也〔八〕。

是以聖人〔之〕治〔九〕，

說〔一〇〕聖人治國與〔一一〕治身也〔一二〕。

虚其心，

除嗜欲，去煩亂〔一三〕。

實其腹，

懷道抱一，守五神也。

弱其志，

和柔謙讓〔一四〕，不處權也〔一五〕。

强其骨，

愛精重施〔一六〕，髓滿骨堅。

常使民無知無欲，

反朴守淳。

使夫智者〔一七〕不敢爲也。

思慮深，不輕言〔一八〕。

爲無爲，

不造作，動因循。

則無不治〔一九〕。

德化厚〔二〇〕，百姓安〔二一〕。

校勘記

〔一〕影宋本「尊」字原作「貴」，與上文「不貴之以祿」重複，今依道藏本、集注本、顧本、强本改作「尊」。又治要此段注文略作「賢謂世俗之賢者，不貴之也」。范應元本引河上公曰：「賢謂世俗之賢。不尚者，不貴之以祿，不尊之以位也。」

〔二〕强本無「不爭」二字。劉本「名」作「明」。

〔三〕道藏本「返」字作「乃」，治要、集注本及强本「返」並作「反」。

〔四〕影宋本「珍」原作「珎」，玉篇謂「珎」乃「珍」之俗字，今從道藏本、劉本、强本、集注本改作「珍」。又顧本「御好珍寶」作「御珎好寶」。

〔五〕道藏本「黄」字上多一「則」字。

〔六〕治要、集注「淨」字作「靜」。

〔七〕「佞」字影宋本、天祿本、李善文選東京賦注引河上公及治要均作「美」，顧本、强本、道藏本與集注本並作「佞」。

案作「佞」字是。論語衛靈公：「放鄭聲，遠佞人。」

〔八〕此句治要、道藏本、强本、顧本、集注本均無「不惑亂」三字，李善文選東京賦注引河上公亦無。

〔九〕影宋本原漏「之」字，據治要、廣明幢、道藏本、强本與劉本補。

〔一〇〕治要「説」字作「謂」。取善集無「説」。

〔一一〕治要「與」字作「猶」

〔一二〕影宋本「身」字下原有「同」字，今據治要、道藏本、顧本、强本删。

〔一三〕影宋本「煩亂」原作「亂煩」，今據道藏本、顧本、劉本改。

〔一四〕集注本「和」字誤作「知」。

〔一五〕顧本「權」字下衍「强」字。

〔一六〕顧本「施」字作「氣」。

〔一七〕治要、天禄本「智者」作「知者」。

〔一八〕强本「言」字下有「者也」二字。

〔一九〕强本與劉本「治」字下有「矣」字。

〔二〇〕S四七七、强本、顧本「厚」字並作「淳」。

〔二一〕强本「百」字上有「則」字。

無源第四

道沖而用之，

沖，中也〔一〕。道匿名藏譽〔二〕，其用在中。

或不盈。

或，常也〔三〕。道常謙虚不盈滿。

淵乎〔四〕似萬物之宗。

道淵深不可知〔五〕，似爲萬物之宗祖〔六〕。

挫其鋭，

鋭，進也〔七〕。人欲鋭精進取功名〔八〕，當挫止之〔九〕，法道不自〔見〕也〔一〇〕。

解其紛〔一一〕，

紛，結恨也〔一二〕。當念道无爲以解釋〔之〕〔一三〕。

和其光，

言雖有獨見之明〔一四〕，當如闇昧〔一五〕，不當以曜亂人也〔一六〕。

同其塵，

當與衆庶同垢塵〔一七〕，不當自別殊〔一八〕。

湛兮似若存〔一九〕。

言當湛然安靜〔二〇〕，故能長存不亡〔二一〕。

吾不知誰之子〔二二〕，

老子言：我不知道所從生〔二三〕。

象帝之先。

道似在天帝之前〔二四〕，此言道乃先天地生也〔二五〕。至今在者〔二六〕，以能安靜湛然，不勞煩。欲使人修身法道〔二七〕。

校勘記

〔一〕俞樾曰：老子曰：「道盅而用之。」「盅」訓「虚」，與「盈」正相對。作「冲」者，假字也。河上公訓「冲」爲「中」，失之。

〔二〕「匿名藏譽」，顧本作「匿藏名譽」。

〔三〕俞樾曰：經文「或不盈」應作「久不盈」。河上公注曰：「或，常也。」訓「或」爲「常」，古無此義，疑河上本正作「久」也。

〔四〕道藏本「淵乎」作「淵兮」。釋文曰：「淵兮，河上作乎。」彭耜、焦竑亦稱「兮」字河上本作「乎」。案作「乎」字近是。

〔五〕集注本「知」字作「之」。影宋本句末原有「也」字，據S四七七與强本刪。

〔六〕强本無「之」字。

〔七〕集注本此句作「鋭，止也」。顧本作「挫，止也；鋭，進也」，多三字。

〔八〕「鋭精進取」，天禄本作「鋭進精取」。S四七七、顧本、强本及道藏本「鋭精」並作「鋭情」，意林作「鋭慎」。

〔九〕影宋本「挫止」誤作「挫上」，今據道藏本、强本、顧本、集注本、劉本及意林改「上」爲「止」。

〔一〇〕「不自見」，影宋本漏「見」字，據S四七七、顧本、强本、道藏本、集注本與意林補。

〔一一〕「解其紛」，S四七七作「解其忿」。釋文云：「解其紛，河上云芬。」陳景元曰：「紛，河上公作忿，曰結恨也。」案據注文，「紛」字似應作「忿」。

〔一二〕影宋本此句原誤作「紛，結根也」，顧本、S四七七作「忿，結恨也」。今從道藏本、强本、集注本與意林改「根」爲「恨」，「紛」字依舊。

〔一三〕影宋本原無句末「之」字，據顧本、强本補。又意林此句作「無上解釋也」。

〔一四〕意林無句首「言」字。

〔一五〕影宋本「如」字原誤作「知」，據顧本、强本、道藏本、集注本與意林改。又强本「闇」字作「闇」，它本或作「暗」。

〔一六〕意林無「當以」二字。又影宋本「曜」字原作「擢」，顧本作「爚」，道藏本、集注本、强本及意林並作「曜」。案作「曜」

字是，今據改。

〔一七〕影宋本句首「當」字原誤作「常」，據S四七七、道藏本、顧本、强本、集注本、天禄本、劉本及意林改作「當」。又意林無「庶」字。顧本「同」字下有「其」字。道藏本無句末「垢塵」二字。

〔一八〕意林無「當」字。道藏本「别殊」作「殊别」。

〔一九〕皇侃論語義疏：「老子曰：『湛兮似或存』，河上公注云：『或，常也。』」案皇侃所引老子經文及河上注，與今河上諸本皆不同，不知何所據。

〔二〇〕S四七七「當」字作「道」。强本無句首「言」字，「當」字亦作「道」。

〔二一〕集注本「不」字上多一「而」字。

〔二二〕S四七七、道藏本「誰」字上並有「其」字。强本無「之」字。

〔二三〕道藏本句末有「之矣」二字。

〔二四〕影宋本及道藏諸本「似」字均作「自」，唯S四七七作「似」。案作「似」字與經文「象帝之先」意思相符，今據改。又强本此句作「道似天帝之前」，缺「在」字。

〔二五〕S四七七無句末「生也」二字。

〔二六〕道藏本無「在」字。

〔二七〕集注本無「至今在者」以下四句注文

虛用第五

天地不仁，

天施地化，不以仁恩，任自然也〔一〕。

以萬物爲芻狗〔二〕；

天地生萬物，人最爲貴〔三〕，天地〔四〕視之如芻草狗畜〔五〕，不責望其報也〔六〕。

聖人不仁，

聖人愛養萬民，不以仁恩〔七〕，法天地任自然〔八〕。

以百姓爲芻狗〔九〕。

聖人視百姓如芻草狗畜〔一〇〕，不責望其禮意〔一一〕。

天地之間，

天地之間空虛，和氣流行〔一二〕，故萬物自生。人能除情欲，節滋味〔一三〕，清五藏〔一四〕，則神明居之也〔一五〕。

其猶橐籥乎〔一六〕？

橐籥中空虛〔一七〕，故能有聲氣〔一八〕。

虛而不屈〔一九〕，動而愈出。

言空虛無有屈竭時〔二〇〕，動搖之〔二一〕，益出聲氣也〔二二〕。

多言數窮，

多事害神，多言害身，口開舌舉，必有禍患〔二三〕。

不如守中。

不如守德於中〔二四〕，育養精神，愛氣希言。

校勘記

〔一〕强本「任」作「性」。

〔二〕「芻狗」，廣明幢作「蒭狗」。S四七七、治要及道藏本「芻」並作「蒭」。朱謙之引李文仲字鑑曰：「芻，說文：刈草也，象包束草之形，從二屮，卽草字也。俗又加草，非。」

〔三〕「人最爲貴」，治要無此四字。S四七七凡「最」字皆作「㝡」，「㝡」卽「最」之異體。下文皆倣此，不復出校記。

〔四〕治要無「天地」二字。

〔五〕S四七七、治要及道藏本「芻」字均作「蒭」。

〔六〕「責」字影宋本原誤作「貴」，今據S四七七、治要、道藏本、强本、集注本及劉本改正。

〔七〕强本「恩」作「思」。

〔八〕影宋本及各本「任」字並作「行」，惟强本作「任」。案「天地不仁」句河上公注云：「天施地化，不以仁恩，任自然也」，此處河上注謂聖人「不以仁恩，法天地任自然」，正與前文相應，作「任」字是。今據强本改「行」爲「任」。

〔九〕廣明幢「芻狗」作「蒭猲」。S四七七、道藏本「芻」作「蒭」。

〔一〇〕S四七七、道藏本「芻」作「蒭」。

〔一一〕道藏本「其」字前多一「於」字。强本「禮」字作「視」。

〔一二〕S四七七「氣」作「炁」。

〔一三〕道藏本「節」字作「却」，S四七七作「莭」。

〔一四〕道藏本與集注本「藏」字並作「臟」。

〔一五〕道藏本無句末「之也」二字。

〔一六〕S四七七「槖」字作「囊」，注文「槖」字亦作「囊」。强本無句末「乎」字。

〔一七〕劉本「空虛」作「虛空」。

〔一八〕影宋本句首「故」字原誤作「人」，據S四七七、强本、道藏本及集注本改正。

〔一九〕釋文云：「掘，河上本作屈，屈竭也。」案今河上諸本皆無「屈竭也」三字注文。焦竑曰：「不屈，河上、陸(希聲)作不詘。」

〔一〇〕强本句首「言空虚」三字作「橐籥空虚」，劉本無「虚」字。集注本「屈竭」作「用竭」，道藏本無「屈」字。

〔一一〕S四七七無「動摇之」三字。

〔一二〕S四七七「氣」字作「炁」。

〔一三〕案影宋本、天禄本於此段注後有云：「數，王弼注音雙遇反，謂理數也。明皇注音朔。」此段文字可證影宋本之音釋乃唐以後人所加，决非河上章句原本所有。

〔一四〕天禄本「守」字作「好」。

成象第六

谷神不死，

谷，養也〔一〕。人能養神則不死〔二〕，神謂五藏之神〔三〕：肝藏魂，肺藏魄，心藏神，腎藏精，脾藏志〔四〕。五藏盡傷〔五〕，則五神去矣。

是謂玄牝。

言不死之道〔六〕，在於玄牝。玄，天也，於人爲鼻〔七〕。牝，地也，於人爲口〔八〕。天食人以五氣〔九〕，從鼻入藏於心。五氣清微〔一〇〕，爲精神聰明，音聲五性。其鬼曰魂〔一一〕，魂者雄也，主出入人鼻〔一二〕，與天通〔一三〕，故鼻爲玄也。

地食人以五味〔一四〕，從口入藏於胃。五味濁辱〔一五〕，爲形骸骨肉〔一六〕，血脉六情。其鬼曰魄，魄者雌也〔一七〕，主出入人口〔一八〕，與地通〔一九〕，故口爲牝也〔二〇〕。

玄牝之門，是謂天地根〔二一〕。

根，元也〔二二〕。言鼻口之門，乃是通天地之元氣所從往來也〔二三〕。

綿綿若存，

鼻口呼噏喘息〔二四〕，當綿綿微妙〔二五〕，若可存〔二六〕，復若无有〔二七〕。

用之不勤。

用氣當寬舒〔二八〕，不當急疾勤勞也〔二九〕。

校勘記

〔一〕「谷，養也」，S四七七句末「也」字作「神」。案經典釋文：「谷，河上本作浴，云浴者養也。」陳景元曰：「河上公章句「谷」音育，訓養也。」俞樾曰：「「浴」字實無養義，河上本「浴」字當讀穀，「穀」亦通「谷」。河上、古本作「浴」者，「谷」之異文。徐鼒曰：據河上注訓「谷」爲養，則當爲「穀」。詩毛傳鄭箋、廣雅釋詁俱云「穀養也」，蓋「穀」與「谷」通，音同之假借也。又按經典釋文云「谷，河上本作浴」，與今本異。洪适隸釋載老子銘云：「或有浴神不死」，是則古本自作「浴」也。蓋「谷」爲「穀」之假借，「浴」又爲「谷」之假借也。于省吾曰：按釋文「河上本作浴」，洪頤煊謂「谷」、「浴」

並「欲」之借字。想爾注：「谷者欲也。精結爲神，欲令神不死，當結精自守」，亦讀「谷」爲「欲」。

〔二〕延命録無句首「人」字。

〔三〕延命録「謂」字作「爲」。取善集「藏」字作「臟」。道藏本無「之」字。

〔四〕「腎藏精，脾藏志」，道藏本作「脾藏意，腎藏精與志」。

〔五〕取善集「藏」字作「臟」。

〔六〕强本、陳景元本並無句首「言」字。又影宋本、天禄本、劉本句末「道」字均誤作「有」，今據S四七七、道藏本、强本、集注本、延命録及陳景元本改作「道」。

〔七〕延命録「於」字上多一「天」字。

〔八〕延命録「於」字上多一「地」字。

〔九〕S四七七「氣」字作「炁」。

〔一〇〕集注本「氣」字作「藏」，S四七七作「炁」。

〔一一〕S四七七「魂」字作「魄」。

〔一二〕延命録無句首「主」字。天禄本「人」字作「於」。

〔一三〕道藏本「通」字上有「道」字。

〔一四〕强本此句前多「牝地也」三字。

〔一五〕影宋本「五味」原誤作「五性」，據S四七七、强本、道藏本、延命録及陳景元本改作「味」。又延命録「濁辱」作「濁滯」。

〔一六〕强本「形骸」作「形體」。S四七七「肉」字作「宍」。

〔一七〕道藏本無「者」字。

〔一八〕S四七七、道藏本及延命録並無句首「主」字。又「人口」影宋本原作「於口」。案上文河上注作「出入人鼻」，此處亦當作「出入人口」，今據S四七七與陳景元本改作「人」。

〔一九〕影宋本與天禄本此句原作「與天地通」，劉本作「與天地同」。案此處不當有「天」字，今據S四七七、道藏本、强本、集注本、延命録及陳景元本删「天」字。

〔二〇〕强本、劉本與集注本「口」字並作「曰」。

〔二一〕S四七七、道藏本「根」字上並有「之」字。

〔二二〕陳景元本「根」字下多一「者」字。延命録「元」字作「原」。

〔二三〕影宋本「乃是」倒作「是乃」，據S四七七、道藏本、陳景元本、延命録與取善集改。又S四七七、强本與延命録「天」字上無「通」。

〔二四〕强本、道藏本、集注本、取善集「呼噏」均作「呼吸」。

〔二五〕取善集「當」字作「常」。

〔二六〕取善集「存」字下有「之」。

〔二七〕道藏本「若」字下有「可」。

〔二八〕S四七七「氣」字作「炁」。又影宋本「當」字原誤作「常」，據S四七七、强本、道藏本、集注本、延命録與取善集改作「當」。

〔二九〕道藏本「急」字上有「爲」字。又影宋本「勤」字原作「懃」，據S四七七、强本、道藏本、集注本、劉本、延命録、取善集改作「勤」。

韜光第七

天長地久，

說天地長生久壽，以喻教人也〔一〕。

天地所以能長且久者，以其不自生，

天地所以獨長且久者〔二〕，以其安靜〔三〕，施不求報〔四〕，不如人居處汲汲〔五〕求自饒之利〔六〕，奪人以自與也。

故能長生〔七〕。

以其不求生，故能長生不終也。

是以聖人後其身〔八〕，

先人而後己也〔九〕。

而身先；

天下敬之〔一〇〕，先以爲官長〔一一〕。

外其身，

薄己而厚人也〔一二〕。

而身存。

百姓愛之如父母〔一三〕，神明〔一四〕祐之若赤子〔一五〕，故身常存〔一六〕。

非以其無私耶〔一七〕？

聖人爲人所愛，神明所祐，非以其公正無私所致乎？

故能成其私。

人以爲私者〔一八〕，欲以厚己也。聖人無私而己自厚，故能成其私也。

校勘記

〔一〕道藏本「喻教」作「教喻」。范應元引河上公注，句首「說」作「謂」。

〔二〕道藏本「獨」字下有「能」字。

〔三〕道藏本「靜」字下多「自然」二字。

〔四〕「求」字影宋本原作「榮」，劉本作「望」。今據S四七七、强本、道藏本、集注本改作「求」。

〔五〕道藏本「人」字上有「世」字。

〔六〕影宋本及各本皆作「自饒」，惟强本作「自生」。案作「饒」字令人費解，論經文云：「以其不自生」，則注文亦當從强本作「自生」。

〔七〕强本「長生」作「長久」。

〔八〕意林無「是以」二字。

〔九〕影宋本「後己」二字下衍一「者」字，今據S四七七、强本、道藏本、集注本、意林删去「者」字。又意林「後己」二字前無「而」字。

〔一〇〕意林脱去「敬」字。

〔一一〕影宋本原脱去「官」字，今據S四七七、强本與意林補。又意林「官」字上無「爲」字。

〔一二〕劉本「厚」字作「後」。

〔一三〕意林「百姓」二字作「人」字。

〔一四〕道藏本「神明」二字上多「敬之如」三字，全句讀作「百姓愛之如父母，敬之如神明，祐之若赤子」，亦通。

〔一五〕意林「若」字作「如」。

〔一六〕道藏本意林此句作「故身而長存也」，明聚珍本意林此句作「故身外而長存也」。

〔一七〕「非以其無私耶」，影宋本「耶」字原作「邪」，今從廣明幢、S四七七、强本改作「耶」。「耶」、「邪」古通，皆句末疑問助詞。道藏本此句作「以其無私」四字。案釋文謂此句「河上直云以其無私」。陳景元、焦竑、彭耜亦曰河上本作「以其無私」。諭諸河上本中，惟道藏本與釋文相合，其餘各本均有「非」、「邪」二字。蓋河上本唐時已有不同，故釋文與敦煌本、廣明幢異。陳柱曰：「按宋本河上公注云：『聖人爲人所愛，神明所祐，非以其公正無私所致乎？』『乎』字正釋『邪』字語氣，則河上本原有『非邪』二字者是也。」

〔一八〕道藏本無「爲」字。

易性第八

上善若水。

上善之人，如水之性。

水善利萬物而不爭，

水在天爲霧露，在地爲泉源也〔一〕。

處衆人之所惡，

衆人惡卑濕垢濁〔二〕，水獨靜流居之也。

故幾於道〔三〕。

水性幾於道同。

居善地，

水性善喜於地〔四〕，草木之上卽流而下〔五〕，有似〔六〕於牝動而下人也〔七〕。

心善淵〔八〕，

水心空虛〔九〕，淵深清明。

與善仁〔一〇〕，

萬物得水以生，與虛不與盈也〔一一〕。

言善信，

水內影照形，不失其情也〔一二〕。

正善治〔一三〕，

無有不洗，清且平也。

事善能，

能方能圓，曲直隨形。

動善時。

夏散冬凝，應期而動〔一四〕，不失天時〔一五〕。

夫唯不爭，

壅之則止，決之則流，聽從人也。

故無尤。

水性如是，故天下无有怨尤水者也〔一六〕。

校勘記

〔一〕天禄本「泉源」作「源泉」。道藏本無「源也」二字。

〔二〕S四七七凡「卑」字均作「畀」。

〔三〕S四七七句末有「矣」字。

〔四〕强本無「喜」字。

〔五〕道藏本、集注本「草木」二字上有「在」字。

〔六〕集注本「似」作「以」。

〔七〕强本「牝」字作「化」，集注本作「地」。

〔八〕S四七七作「善心淵」。

〔九〕影宋本「水心」原作「水深」。按經文作「心善淵」，注當作「水心」，今據S四七七、强本改作「心」。

〔一〇〕道藏本「仁」作「人」。

〔一一〕集注本「虚」字下多一「而」字。

〔一二〕S四七七「情」字上有「物」字。强本「情」字作「清」。

〔一三〕道藏本、劉本「正」並作「政」。

〔一四〕强本「期」作「感」。

〔一五〕S四七七無「天」字。

〔一六〕S四七七「怨」作「惡」。强本無「者」。

運夷第九

持而盈之，不知其已。

盈，滿也。已，止也。持滿必傾，不如止也〔一〕。

揣而鋭之〔二〕，不可長保。

揣，治也。先揣〔治〕之〔三〕，後必棄捐〔四〕。

金玉滿堂，莫之能守。

嗜欲傷神，財多累身。

富貴而驕，自遺其咎。

夫〔五〕富當賑貧〔六〕，貴當憐賤〔七〕，而反驕恣〔八〕，必被禍患〔九〕。

功成、名遂、身退，天之道〔一〇〕。

言人所爲，功成事立〔一一〕，名迹稱遂〔一二〕，不退身避位，則遇於害〔一三〕，此乃天之常道也。譬如日中則移〔一四〕，月滿則虧，物盛則衰，樂極則哀〔一五〕。

校勘記

〔一〕S四七七「止」下有「之」字。

〔二〕「鋭」字S四七七作「挩」。釋文云「棁，河上作鋭」。

〔三〕影宋本及各本均無「治」字，惟强本有。案據河上注「揣，治也」，此處當有「治」字，今據補。

〔四〕强本「捐」字作「擲」。

〔五〕影宋本及天禄本「夫」字原誤作「大」，今據S四七七、强本、治要、意林、道藏本、集注本、劉本、取善集改作「夫」。范應元引河上注無「夫」。

〔六〕治要「賑」作「振」。范應元作「拯」。

〔七〕道藏本「憐」作「矜」，劉本與范應元均作「怜」。S四七七前二句注省作「夫富當矜賤」。

〔八〕意林「反」字上無「而」字。道藏本與取善集「反」字下有「自」字。

〔九〕劉本「必」字上有「然」字。道藏本「患」字作「害」。范應元此句作「即禍患也」。

〔一〇〕治要「道」字下有「也」字。

〔一一〕强本無句首「言」字。

〔一二〕S四七七、道藏本「迹」作「跡」。

〔一三〕强本「遇」作「過」，形近而誤。

〔一四〕S四七七「譬」作「辟」。道藏本、治要並缺「如」字。

〔一五〕劉本「哀」字下有「生」字。

能爲第十

載營魄。

營魄，魂魄也〔一〕。人載魂魄之上得以生，當愛養之。喜怒亡魂，卒驚傷魄〔二〕。魂在肝，魄在肺。美酒甘肴〔三〕，腐人肝肺〔四〕。故魂靜志道不亂〔五〕，魄安得壽延年也〔六〕。

抱一〔七〕，能無離〔八〕，

言人能抱一，使不離於身，則〔身〕長存〔九〕。一者，道始所生〔一〇〕，太和〔一一〕之精氣也〔一二〕，故曰一。一布名於天下〔一三〕，天得一以清〔一四〕，地得一以寧，侯王得一以爲正平〔一五〕。入爲心，出爲行，布施爲德〔一六〕，揔名爲一〔一七〕。一之爲言志一无二也〔一八〕。

專氣致柔〔一九〕，

專守精氣使不亂〔二〇〕，則形體〔二一〕能應之而柔順〔二二〕。

能嬰兒〔二三〕。

能如嬰兒內無思慮〔二四〕，外無政事〔二五〕，則精神不去也〔二六〕。

滌除玄覽，

當洗其心使潔淨也〔二七〕。心居玄冥之處，覽知萬事〔二八〕，故謂之玄覽也。

能無疵。

不淫邪也〔二九〕。

愛民治國〔三〇〕，

治身者愛氣則身全〔三一〕，治國者愛民則國安。

能無爲〔三二〕。

治身者呼吸精氣〔三三〕，无令耳聞；治國者布施惠德〔三四〕，无令下知也。

天門開闔〔三五〕，

天門謂北極紫微宫〔三六〕，開闔謂終始五際也〔三七〕。治身〔三八〕，天門謂鼻孔，開謂喘息，闔謂呼吸也。

能爲雌〔三九〕。

治身當如雌牝，安靜柔弱，治國應變，和而不唱也〔四〇〕。

明白四達，

言道明白〔四一〕，如日月四達〔四二〕，滿於天下八極之外〔四三〕。故日視之不見，聽之不聞，彰布之於十方〔四四〕，焕焕煌煌也〔四五〕。

能無知〔四六〕。

无有能知道滿於天下者〔四七〕。

生之、畜之。

道生萬物而畜養之〔四八〕。

生而不有，

道生萬物，无所取有〔四九〕。

爲而不恃〔五〇〕，

道所施爲，不恃望其報也。

長而不宰，

道長養萬物〔五一〕，不宰割以爲器用〔五二〕。

是謂玄德。

言道德玄冥〔五三〕，不可得見，欲使人如道也〔五四〕。

校勘記

〔一〕「營魄魂魄也」，S四七七、强本此句並作「營，魂也」，无兩「魄」字。

〔二〕S四七七「卒」作「卆」。

〔三〕集注本「肴」字作「殽」，劉本作「者」。

〔四〕道藏本與集注本「腐」字並作「傷」。又影宋本「肝」字原誤作「膵」，今據S四七七、强本、道藏本、集注本與劉本改作「肝」。

〔五〕强本「靜」字下有「則」字。

〔六〕强本「安」字下有「則」字。「得壽延年」，S四七七作「脩德壽延年長」。

〔七〕S四七七「一」字作「壹」。

〔八〕此章經文「能無離」、「能嬰兒」、「能無疵」、「能無爲」、「能爲雌」、「能無知」六句之末，S四七七、道藏本及强本並有「乎」字。案：諭六句經文之河上公注，皆爲陳述語氣，不當有疑問助詞「乎」。李道純曰：「抱一能無離」已下六句，加一「乎」字非。按李説是，今從影宋本，句末不加「乎」。

〔九〕影宋本及各本「則」字下皆無「身」字，惟S四七七有。案加一「身」字於文義更完整，今從敦煌本補。

〔一〇〕道藏本「始」字作「德」。

〔一一〕影宋本「太」字原作「大」，古「大」「太」二字通。今據道藏本、强本、集注本與劉本改作「太」。

〔一二〕强本無「氣」。S四七七「氣」作「炁」。

〔一三〕影宋本及各本「布」字上均只有一個「一」字，惟道藏本有兩「一」字。案多一「一」字文義完整，今據道藏本補。

〔一四〕S四七七「天」字上多一「下」字。

〔一五〕强本無「平」字。

〔一六〕「布施爲德」，强本作「布則爲施」。

〔一七〕S四七七「揔」字作「捴」，道藏本、集注本作「總」，强本與劉本作「緫」。

〔一八〕S四七七「志一」作「至一」。道藏本「一」字下有「而」字。

〔一九〕S四七七「氣」作「炁」。

〔二〇〕「專守精氣使不亂」，S四七七作「能專精炁使不亂」。顧本作「專精閉氣使不散亂」。强本作「專精其氣使不亂」。

〔二一〕案影宋本「體」字多寫作「躰」，而其它各本均作「體」。本書一律改作「體」，後文同此，不復出校記。

〔二二〕道藏本句末有「矣」字。

〔二三〕能嬰兒，道藏本、强本「嬰」字上並有「如」字。俞樾云：河上本無「如」字，於文義未足。奚侗謂有「如」字乃增字以足其誼。案：「如」字有無於文義無妨。若據河上注「能如嬰兒内無思慮」，則經文當有「如」，然若從經文「能無離」、「能無疵」等六句字數整齊而言，則不當有「如」，敦煌本卽無「如」字。

〔二四〕道藏本缺「能如嬰兒」四字。

〔二五〕S四七七「政」作「正」，强本作「故」。

〔二六〕劉本無「神」。

〔二七〕S四七七、强本、道藏本、集注本均作「潔清」，顧本作「清潔」。

〔二八〕文選東京賦李善注引河上公注，「萬事」作「萬物」。

〔二九〕「不淫邪也」，S四七七「邪」作「耶」。影宋本與天祿本此句注文之下多「淨能無疵病乎」一句，S四七七、顧本、强本、道藏本與集注本皆無。考唐明皇御注曰：「滌除心照，使令清靜，能無疵病乎。」疑宋本「淨能無疵病乎」乃後人涉明皇注而衍，河上注原不應有此句，今删去。

〔三〇〕釋文云：「治，河上本又作活。」

〔三一〕强本「身」字作「神」。S四七七「氣」字作「炁」。

〔三二〕影宋本及各本「能無爲」句原作「能無知」，惟道藏本與劉本作「能無爲」。案：作「能無爲」是。若作「能無知」，則與後文「明白四達能無知」句重複。且河上注稱「無令耳聞」、「無令下知」，「無令」即「無爲」之意。俞樾、劉師培、朱謙之皆云當作「能無爲」，其説是也。今從道藏本與劉本改。

〔三三〕S四七七、强本無「者」字。下句「治國者」强本亦無「者」字。

〔三四〕「布施惠德」，S四七七、顧本、强本與取善集並作「布德施惠」。道藏本作「布施德惠」。

〔三五〕成玄英疏云：「天門」，河上本作「天地」。馬叙倫曰：諭河上注曰：「天門謂北極紫微宫」、「治身天門謂鼻孔」：則河上本亦作「天門」，作「天地」者，乃别本之誤耳。案馬説是。

〔三六〕S四七七無「天門」二字。道藏本無「謂」字。S四七七、强本並無「微」字。

〔三七〕影宋本及各本均作「五際」，惟集注本作「兩際」。又道藏本無「謂」字。

〔三八〕道藏本「身」下有「之」字。

〔三九〕影宋本、天禄本、劉本、道藏本「爲」字並作「無」字，S四七七與强本作「爲」。

范應元曰：河上公、蘇注皆作「爲雌」。一本或作「無雌」，恐非經義，蓋當經中有「知其雄守其雌」也，理亦當作「爲雌」。

俞樾曰：「天門開闔能無雌」，義不可通，蓋涉上下文諸句而誤。河上公注云：「治身當如雌牝，安靜柔弱」，是亦不作「無雌」。

奚侗曰：王弼本及宋河上本均作「無雌」。按王注「能爲雌則物自賓而處自安」，河上注「治身當如雌牝，安靜柔弱」，是弼及河上原本均不作「無雌」也。

案：以上各家説是。今據敦煌本及强本改作「爲雌」。

〔四〇〕道藏本無「和」字。

〔四一〕影宋本「道」字原誤作「達」，今據S四七七、顧本、强本、道藏本與集注本改正。又道藏本無「白」。

〔四二〕影宋本與它本「四達」作「四通」。案經文云「明白四達」，注文亦當爲「達」字。今據顧本與集注本改「通」爲「達」。

〔四三〕强本漏「於」字。

〔四四〕「彰布之於十方」，S四七七作「布之十方」。道藏本作「彰布十方」。顧本無「之」字。

〔四五〕道藏本句末「也」字作「矣」。

〔四六〕釋文謂「知」字河上本又直作「智」。

〔四七〕道藏本句末「者」字作「矣」。

〔四八〕「而畜養之」，强本無「之」字，顧本作「畜而養之」。

〔四九〕「无所取有」，S四七七作「無有所取」。强本作「無有取也」。

〔五〇〕釋文云：「恃，河上本作侍。」馬叙倫曰：河上公注曰：「道所施爲，不恃望其報也」，則河上亦作「恃」。

〔五一〕S四七七無「長」字。

〔五二〕「不宰割」，顧本作「大不宰割」。S四七七、强本並作「長大不宰割」。

〔五三〕影宋本「德」字上原衍一「行」字，今據S四七七、顧本、强本及道藏本删。

〔五四〕道藏本、劉本「如」作「知」。

無用第十一

三十輻共一轂〔一〕，

古者車三十輻〔二〕，法月數也〔三〕。共一轂者，轂中有孔〔四〕，故衆輻共湊之〔五〕。治身者當除情去欲，使五藏空虚〔六〕，神乃歸之。治國者寡能〔七〕，摠衆弱共扶强也〔八〕。

當其無，有車之用；

无謂空虚〔九〕。轂中空虚，輪得轉行〔一〇〕；轝中空虚〔一一〕，人得載其上也〔一二〕。

埏埴以爲器〔一三〕，

埏，和也。埴，土也。和土以爲飲食之器〔一四〕。

當其無，有器之用；

器中空虚，故得有所盛受〔一五〕。

鑿户牖以爲室，

謂作屋室〔一六〕。

當其無，有室之用。

言户牖空虚〔一七〕，人得以出入觀視〔一八〕；室中空虚〔一九〕，人得以居處，是其用〔二〇〕。

故有之以爲利，

利，物也〔二一〕，利於形用〔二二〕。器中有物，室中有人，恐其屋破壞；腹中有神，畏其形消亡〔二三〕。

無之以爲用。

言虚空者〔二四〕乃可用盛受萬物〔二五〕，故曰虚无能制有形〔二六〕。道者空也〔二七〕。

校勘記

〔一〕廣明幢「三十」作「卅」，「轂」字作「轚」。

〔二〕S四七七「三十」作「卅」。

〔三〕顧本「數」字上有「之」。

〔四〕道藏本「中」字上無「轂」字。

〔五〕道藏本無「共」字。

〔六〕劉本「藏」作「臟」。

〔七〕S四七七「寡」作「亶」。

〔八〕S四七七「揔」字作「挩」，顧本、强本、劉本、集注本均作「總」。「共」字顧本作「以」。「扶」字影宋本原作「使」，S四七七、顧本、强本、集注本均作「扶」，今據改。又道藏本無「治國者」以下注文。

〔九〕道藏本「謂」字作「爲」。

〔一〇〕「輪得轉行」，影宋本原作「車得去行」，義亦可通。今從S四七七、顧本、强本、道藏本、集注本改作「輪得轉行」。

〔一一〕顧本「轝」字作「輿」。

〔一二〕「得」字影宋本原作「能」。案作「得」字可與上文「輪得轉行」句相符，今從S四七七、道藏本及集注本改。

〔一三〕畢沅曰：「埏」，王弼作「挺」。陸德明曰：「河上云和也」，不言河上與王弼異字，疑河上亦作「挺」。案畢説近是。廣韻:「挻,柔也,和也」,與河上注同,「埏」當爲「挻」之叚字。

〔一四〕S四七七、顧本、强本「飲食」並作「食飲」。

〔一五〕S四七七無「得」字。道藏本全句作「故有所受」四字。

〔一六〕「屋室」,S四七七、强本、道藏本並作「室屋」。

〔一七〕S四七七、道藏本皆無「言」字。强本「空」作「室」。

〔一八〕道藏本無「觀視」二字。

〔一九〕天禄本「中」字作「人」。

〔二〇〕道藏本無「是其用」三字。

〔二一〕S四七七、顧本、强本均無「利物也」三字。

〔二二〕影宋本、天禄本、劉本均作「利於形用」,道藏本作「利形於用」,S四七七、顧本與强本均作「物利於形」。

〔二三〕案影宋本及各本此句均作「畏形之消亡也」,惟道藏本作「畏其形消亡」。考上句注文有「恐其屋破壞」,此處當作「畏其形消亡」與之相應,今依道藏本改。

〔二四〕强本「者」字上有「中」字。

〔二五〕「乃可用盛受萬物」,道藏本作「謂盛受萬物」。顧本作「可用盛受於物也」。强本無「萬」字。

〔二六〕S四七七、强本皆無「能」字。顧本此句作「故曰空虚無形而能制有形也」。

〔二七〕顧本「空」字後有「虚」字，道藏本「空」字前有「虚」。强本「空」後有「無」字。

檢欲第十二

五色令人目盲，

貪淫好色〔一〕，則傷精失明，〔不能視無色之色〕〔二〕。

五音令人耳聾，

好聽五音，則和氣去心〔三〕，不能聽無聲之聲〔四〕。

五味令人口爽，

爽，亡也〔五〕。人嗜於五味〔六〕，則口亡〔七〕，言失於道也〔八〕。

馳騁田獵，令人心發狂，

人精神好安静，馳騁呼吸〔九〕，精神散亡，故發狂也。

難得之貨，令人行妨。

妨，傷也。難得之貨謂金銀珠玉〔一〇〕，心貪意欲，不知厭足〔一一〕，則行〔一二〕傷身辱也。

是以聖人爲腹，

守五性，去六情，節志氣〔一三〕，養神明。

不爲目。

目不妄視，妄視泄精於外〔一四〕。

故去彼取此。

去彼目之妄視，取此腹之養性〔一五〕。

校勘記

〔一〕道藏本「貪淫好色」作「貪好淫色」。

〔二〕「不能視無色之色」，影宋本、S四七七等多無此句。按下文河上注有「不能聽無聲之聲」，此處亦當有「不能視無色之色」，今據道藏本與顧本補。

〔三〕S四七七「氣」字作「炁」。

〔四〕治要無「不能聽無聲之聲」。

〔五〕治要與强本「亡」字並作「妄」。

〔六〕「人嗜於五味」，此句影宋本、天禄本、集注本並作「人嗜五味於口」，道藏本作「人嗜五味」，顧本作「嗜於五味」，今從S四七七、治要與强本作「人嗜於五味」。

〔七〕道藏本此句無「口」字。强本「亡」字作「爽」，治要、顧本並作「妄」。

〔八〕道藏本無句首「言」字。又影宋本「道」字下衍一「味」字，據S四七七、强本、顧本與治要删去。

〔九〕顧本「馳騁」上有「若」字。

〔一〇〕道藏本此句漏「難得之貨謂」五字。顧本此句作「難得之貨謂趙璧隋珠，珍貴金銀珠玉等物」。

〔一一〕治要無「不知厭足」四字。

〔一二〕集注本無「行」字。

〔一三〕S四七七「氣」字作「炁」。

〔一四〕顧本與强本「視」字下有「則」字。集注本「精」字作「情」。

〔一五〕顧本、道藏本及取善集「性」字作「神」。

猒耻第十三

寵辱若驚，

身寵亦驚，身辱亦驚。

貴大患若身。

貴，畏也。若，至也。畏大患至身〔一〕，故皆驚〔二〕。

何謂寵辱？

問何謂寵，何謂辱〔三〕？寵者尊榮〔四〕，辱者恥辱〔五〕。及身還自問者〔六〕，以曉人也〔七〕。

〔寵爲上〕，辱爲下〔八〕。

辱爲下賤〔九〕。

得之若驚，

得寵榮驚者〔一〇〕，處高位如臨深危也〔一一〕。貴不敢驕，富不敢奢〔一二〕。

失之若驚，

失者，失寵處辱也。驚者，恐禍重來也。

是謂寵辱若驚〔一三〕。

解上得之若驚，失之若驚〔一四〕。

何謂貴大患若身？

復還自問：何故畏大患至身〔一五〕？

吾所以有大患者，爲吾有身。

吾所以有大患者，爲吾有身〔一六〕。有身〔則〕憂其勤勞〔一七〕，念其飢寒，觸情縱欲〔一八〕，則遇禍患也。

及吾無身，吾有何患〔一九〕？

使吾无有身體〔二〇〕，得道自然〔二一〕，輕舉昇雲，出入無間，與道通神，當有何患？

故貴以身爲天下者〔二二〕，則可寄於天下〔二三〕，

言人君貴其身而賤人〔二四〕，欲爲天下主者〔二五〕，則可寄立〔二六〕，不可以久也〔二七〕。

愛以身爲〔二八〕天下者〔二九〕，乃可以託於天下〔三〇〕。

言人君能愛其身，非爲己也，乃欲爲萬民之父母。以此得爲天下主者〔三一〕，乃可以託其身於萬民之上〔三二〕，長無咎也。

校勘記

〔一〕釋文：「大患至身，河上云空也。」今各本注文皆無「空也」二字。

〔二〕顧本無「皆」字。

〔三〕「何謂寵何謂辱」，兩「謂」字影宋本及它本多作「爲」。諗經文曰「何謂寵辱」，則注作「謂」字義長。今據强本、道藏本與S四七七改作「謂」。又道藏本兩「謂」字下並有「之」字。

〔四〕「寵者尊榮」，道藏本無「者」字，强本「尊」字誤作「愛」。

〔五〕「辱者恥辱」，道藏本無「者」字，强本與S四七七並缺句末「辱」字。

〔六〕道藏本無「及身」二字。

〔七〕「以曉人也」，顧本「曉」字下有「示於」二字。道藏本此句作「爲曉示於人」。

〔八〕案影宋本、天祿本、S四七七及道藏本「辱爲下」三字前均無「寵爲上」句，惟日本鈔本有。論李道純道德會元所據經文乃河上本，內有「寵爲上」。陳景元亦云：「河上公本作『寵爲上，辱爲下』，於經義完全，理無迂闊。」李、陳二人所見與日本鈔本同，皆有「寵爲上」，是河上本原有此三字。「寵爲上辱爲下」二句與前文「何謂寵辱」，後文「得之若驚，失之若驚」相合如符契，俞樾、勞健、武內義雄氏均認爲當有「寵爲上」，故雖敦煌本已缺此三字，今亦從日本鈔本補。又强本此句作「寵爲下」三字，則涉王弼本而誤也。

〔九〕「辱爲下賤」，顧本「辱」字上多一「寵」字。案此句注疑有缺文。俞樾曰：「河上作注時，「寵爲上」句未奪，亦必有注，當與「辱爲下賤」對文成義，傳寫者失上句，遂並注失之。」俞說是也。

〔一〇〕强本「得」字後有「者」字。道藏本「驚者」作「者驚」。

〔一一〕S四七七、顧本、强本、道藏本均無「深」字。

〔一二〕集注本無「富」字。

〔一三〕强本「謂」作「爲」。

〔一四〕S四七七與强本兩「若驚」皆作「而驚」。

〔一五〕道藏本無「何故畏大患至身」句。影宋本原作「何故畏人若身」，於義不通，今從S四七七、顧本與强本改。又强本缺句首「何」字。

〔一六〕S四七七「爲」字作「坐」，顧本作「生」，取善集作「正」。

〔一七〕集注本與强本缺「有身」二字。天禄本「其」字作「者」。又「身」字下影宋本原無「則」字，於文義不全，今據顧本、强本與取善集補。

〔一八〕影宋本與它本「縱」字多作「從」，疑形近而誤，今從顧本與取善集作「縱」。又道藏本「縱欲」作「從辱」。

〔一九〕S四七七句末有「乎」字。

〔二〇〕强本與道藏本並缺「有」字。」

〔二一〕道藏本無「得」字。

〔二二〕强本無「者」。

〔二三〕S四七七、道藏本「可」字下有「以」字。强本無「於」字。廣明幢句末有「矣」。

〔二四〕S四七七、强本「君」字下並有「故」字，顧本有「自」字。天禄本「其」字作「於」。廣弘明集卷十二辯惑篇引河上公注，此句作「人君貴身而賤人」。

〔二五〕道藏本「主」字上有「之」。

〔二六〕集注本無「寄」。道藏本「立」作「止」。廣弘明集「寄立」作「暫寄」。

〔二七〕「不可以久也」，道藏本作「不可託也」。廣弘明集作「不可久居」。

〔二八〕「愛以身爲」，廣明幢與S四七七均作「愛身以爲」。

〔二九〕强本無「者」。

〔三〇〕「乃可以託於天下」，强本作「若可託天下」。范應元本作「乃可託於天下」。

〔三一〕顧本與道藏本「得」字並作「德」。道藏本「主者」作「之主」。

〔三二〕道藏本此句作「乃可以託身於民上」。

贊玄第十四

視之不見名曰夷，

無色曰夷。言一無采色〔一〕，不可得視而見之〔二〕。

聽之不聞名曰希，

無聲曰希。言一無音聲，不可得聽而聞之〔三〕。

摶之不得名曰微。

無形曰微。言一無形體〔四〕，不可摶持而得之〔五〕。

此三者不可致詰，

三者，謂夷、希、微也〔六〕。不可致詰者，夫無色〔七〕、無聲、無形，口不能言，書不能傳，當受之以靜〔八〕，求之以神〔九〕，不可詰問而得之也〔一〇〕。

故混而爲一。

混，合也。故合於三名之而爲一〔一一〕。

其上不皦〔一二〕，

言一在天上〔一三〕，不皦皦光明〔一四〕。

其下不昧。

言一在天下，不昧昧有所闇冥〔一五〕。

繩繩不可名〔一六〕，

繩繩者，動行無窮極也。不可名者，非一色也，不可以青黄〔赤〕白黑别〔一七〕，非一聲也，不可以宫商角徵羽聽〔一八〕，非一形也，不可以長短大小度之也〔一九〕。

復歸於無物。

物，質也。復當歸之於無質〔二〇〕。

是謂無狀之狀，

言一無形狀，而能爲萬物作形狀也。

無物之象，

〔言〕一無物質〔二二〕，而〔能〕爲萬物設形象也〔二三〕。

是爲忽恍〔二三〕。

〔言〕一忽忽恍恍〔二四〕，若存若亡，不可見之也〔二五〕。

迎之不見其首〔二六〕，

一無端末〔二七〕，不可預待也〔二八〕。除情去欲，一自歸之也〔二九〕。

隨之不見其後，

言一無影迹〔三〇〕，不可得而看〔三一〕。

執古之道，以御今之有，

聖人執守古道〔三二〕，生一以御物〔三三〕，知今當有一也。

以知古始〔三四〕，是謂道紀。

人能知上古本始有一，是謂知道綱紀也〔三五〕。

校勘記

〔一〕顧本、強本、道藏本「采」字並作「彩」。

〔二〕「視而見之」，道藏本作「視而視之矣」。强本「之」字作「也」，顧本作「之也」。

〔三〕道藏本無「可」。S四七七句末無「之」字，道藏本作「之矣」，顧本作「之也」。

〔四〕道藏本漏「形」字。

〔五〕廣弘明集載唐釋法琳辯證論引河上公注云：「視之不見名曰夷，夷者精也。聽之不聞名曰希，希者神也。搏之不得名曰微，微者氣也。」此與今河上諸本皆不同。

〔六〕道藏本此句首無「謂」字。顧本「夷希微」作「希夷微」。

〔七〕顧本與道藏本「夫」字並作「謂」。

〔八〕道藏本無「當」，强本「當」作「常」。

〔九〕天祿本「以」字作「人」。

〔一〇〕顧本「詰」字上有「强」字。道藏本「而」字下有「能」字。S四七七、道藏本及范應元本句末並無「之」字。

〔一一〕顧本無「之」字，S四七七與天祿本無「而」字。道藏本此句作「故三名合而爲一」。

〔一二〕强本「皦」字作「皎」。

〔一三〕S四七七「一」字上有「其」字。

〔一四〕强本與道藏本「皦皦」並作「皎皎」。道藏本此句後多「上下無窮極也」，强本有「道上下無極也」。

〔一五〕顧本此句後有「明道上下無窮極也」。

〔一六〕「繩繩」二字下，S四七七、道藏本及日本鈔本均有「兮」字。

〔一七〕影宋本此句原無「赤」字，今據顧本與道藏本補。又S四七七「赤」字在「黑」字下。顧本「别」字下有「之」字。

〔一八〕强本無「宫」字。天禄本「羽」作「習」。顧本「聽」字後有「之」字。

〔一九〕道藏本「大小」作「小大」。S四七七與道藏本均無「之」。

〔二〇〕道藏本此句作「當歸之以無質」。

〔二一〕影宋本原無「言」字，據S四七七與顧本補。顧本「物」字作「形」。

〔二二〕影宋本原缺「能」字，今據顧本補。

〔二三〕道藏本「爲」作「謂」，「恍」作「怳」。强本「忽」作「惚」。

〔二四〕影宋本句首原無「言」字，今據S四七七、顧本、强本及道藏本補。顧本與强本「忽忽」並作「惚惚」。道藏本「恍恍」作「怳怳」。又影宋本句末原有「者」字，今據S四七七、顧本、强本、道藏本及集注本删。

〔二五〕此句顧本作「不可狀也」，强本作「不可見也」，道藏本作「不可得見」，S四七七作「不可見」。

〔二六〕廣明幢與S四七七此句在「隨之不見其後」句之後。

〔二七〕S四七七此句作「一端無末」。

〔二八〕S四七七此句作「可須待」，顧本作「可預待也」。

〔二九〕道藏本此句作「自歸之」。顧本「之也」作「已矣」，S四七七作「已」。

〔三〇〕强本無「言」。

〔三一〕S四七七句首無「不」字。「看」字集注本作「著」，顧本及道藏本作「見」。强本此句作「可得見知也」。

〔三二〕道藏本「執守古道」作「執古之道」。

〔三三〕集注本「生」字作「主」。S四七七無「物」字。顧本與道藏本「物」字上有「萬」字。

〔三四〕馬叙倫曰：河上注曰「人能知上古本始有一」，則河上「以知」作「能知」。

〔三五〕道藏本「綱紀」作「紀綱」。又强本與道藏本「綱紀」二字上並有「之」字。

顯德第十五

古之善爲士者〔一〕，

謂得道之君也〔二〕。

微妙玄通，

玄，天也。言其志節玄妙，精與天通也。

深不可識。

道德深遠，不可識知，内視若盲〔三〕，反聽若聾，莫知所長。

夫唯不可識，故强爲之容。

謂下句也。

與兮若冬涉川〔四〕，

舉事輒加重慎，與與兮〔五〕若冬涉川，心難之也〔六〕。

猶兮若畏四隣〔七〕，

其進退猶猶如拘制〔八〕，若人犯法〔九〕，畏四隣知之也〔一〇〕。

儼兮其若客，

如客畏主人〔一一〕，儼然無所造作也。

涣兮若冰之將釋〔一二〕，

涣者解散，釋者消亡。除情去欲〔一三〕，日以空虚。

敦兮其若朴，

敦者質厚，朴者形未分。内守精神，外無文采也〔一四〕。

曠兮其若谷，

曠者寬大，谷者空虚。不有德功名〔一五〕，無所不包也。

渾兮其若濁。

渾者守本真〔一六〕，濁者不照然〔一七〕。與衆合同，不自尊也〔一八〕。

孰能濁以〔止〕靜之，徐清〔一九〕？

孰，誰也。誰能知水之濁〔二〇〕止而靜之〔二一〕，徐徐自清也〔二二〕。

孰能安以久動之，徐生〔二三〕？

誰能安靜以久〔二四〕，徐徐以長生也。

保此道者，不欲盈。

保此徐生之道〔者〕〔二五〕，不欲奢泰盈溢。

夫唯不盈，故能蔽不新成〔二六〕。

夫唯不盈滿之人，能守蔽不爲新成〔二七〕。蔽者匿光榮〔二八〕，新成者貴功名〔二九〕。

校勘記

〔一〕俞樾、易順鼎、陳柱等以爲據河上注，「士」字當作「上」。朱謙之、馬叙倫以爲當作「道」。案當以朱、馬之説近是，然今各河上本均作「士」，故仍舊。

〔二〕强本「得」字作「用」。

〔三〕强本與道藏本「若」字並作「如」。

〔四〕S四七七與道藏本「與兮」作「豫兮」。「與」字蓋「豫」之叚字，古「猶豫」常作「猶與」。如漢書高后紀「計猶豫未有所決」，史記呂后紀作「猶與未決」。漢書霍光傳「不忍猶與」，師古注曰：「猶與，不決也」。

〔五〕「與與兮」，S四七七與道藏本作「豫豫兮」，顧本作「豫兮」。

〔六〕影宋本與天祿本「心」字下原衍一「猶」字，今從S四七七、强本、顧本、道藏本及集注本删。

〔七〕道藏本「隣」字作「鄰」。廣韻：「隣，俗鄰字。」

〔八〕道藏本無「退」字，「如」字作「若」。顧本無「如」。强本「猶猶如」略作一「猶」字。

〔九〕强本「若」字下有「似」字。

〔一〇〕顧本、强本、道藏本、集注本「隣」並作「鄰」。道藏本「知之」作「之知」。

〔一一〕顧本、强本與道藏本「畏」字並作「對」，S四七七作「囙」。正字通曰：「囙，俗因字。」集注本此句作「如容由至人」。

〔一二〕强本此句作「渙若冰將釋」。

〔一三〕顧本與道藏本「除」字上並有「謂」。

〔一四〕S四七七「文采」作「采文」。顧本、强本與道藏本「采」並作「彩」。

〔一五〕S四七七及强本「德功名」並作「德名功」，顧本無「功」。

〔一六〕影宋本「本真」原誤作「舉真」，今據顧本、强本、S四七七、道藏本與集注本改。

〔一七〕顧本與道藏本「照」字並作「昭」。

〔一八〕天禄本「自尊」作「自専」，亦通。

〔一九〕影宋本原無「止」字。馬叙倫曰：宋河上本無「止」字，然論注曰：「誰能知水之濁，止而淨之」，則當有「止」字。案馬説是也，道藏本正有「止」字，今據補。又此句S四七七漏鈔，廣明幢作「孰能濁以靜，動之以徐清」。

〔二〇〕道藏本與集注本「知」字並作「如」。

〔二一〕「止而靜之」，集注本「止」作「以」。「靜」字影宋本原作「淨」，今從道藏本及集注本改爲「靜」。

〔二二〕道藏本「徐徐」二字下有「而」字。又S四七七此段注文僅殘存「濁以靜之，徐徐自清」八字。顧本此段注作「靜，止也。水濁，止而靜之，徐徐自清也」。

〔二三〕廣明幢此句經文作「孰能安以久，動之以徐生」。S四七七無「能」字。

〔二四〕S四七七、强本此句前並有「孰，誰也」三字。

〔二五〕道藏本「徐生」作「長生」。又影宋本及道藏諸本均無「者」字，據上下文義當有，今從S四七七補。

〔二六〕S四七七、道藏本「蔽」字作「弊」。俞樾云「弊、蔽」二字古可通假。

〔二七〕S四七七「守蔽」作「弊守」。集注本「蔽」字作「敝」，道藏本作「弊」。

〔二八〕道藏本、强本「蔽」字上有「守」字。S四七七「蔽」字作「弊」，集注本作「敝」。

〔二九〕顧本「貴功名」作「功貴名盛」，S四七七「貴」字上有「謂」字。

歸根第十六

至虛極，

得道之人，捐情去欲〔一〕，五內清靜〔二〕，至於虛極〔三〕。

守靜篤，

守清靜〔四〕，行篤厚。

萬物並作，

作，生也。萬物並生也〔五〕。

吾以觀其復〔六〕。

言吾以觀見〔七〕萬物無不皆歸其本，人當念重〔其〕本也〔八〕。

夫物芸芸，

芸芸者〔九〕，華葉盛也〔一〇〕。

各復歸其根。

言萬物無不枯落，各復反其根而更生也〔一一〕。

歸根曰靜。

靜謂根也。根安靜柔弱〔一二〕，謙卑處下，故不復死也〔一三〕。

是謂復命〔一四〕。

言安靜者是爲復還性命〔一五〕，使不死也〔一六〕。

復命曰常。

復命使不死〔一七〕，乃道之所常行也。

知常曰明。

能知道之所常行〔一八〕，則爲明。

不知常，妄作〔一九〕，凶。

不知道之所常行，妄作巧詐，則失神明〔二〇〕，故凶也〔二一〕。

知常容〔二二〕。

能知道之所常行〔二三〕，〔則〕去情忘欲〔二四〕，无所不包容也〔二五〕。

容乃公。

無所不包容，則公正無私〔二六〕，衆邪莫當〔二七〕。

公乃王。

公正無私〔二八〕，〔則〕可以爲天下王〔二九〕。治身正則形一〔三〇〕，神明千萬〔三一〕，共湊已躬也〔三二〕。

王乃天。

能王〔三三〕，〔則〕德合神明〔三四〕，乃與天通〔三五〕。

天乃道。

德與天通，則與道合同也。

道乃久。

與道合同，乃能長久。

没身不殆。

能公能王〔三六〕，通天合道，四者純備，道德弘遠，無殃無咎，乃與天地俱没〔三七〕，不危殆也〔三八〕。

校勘記

〔一〕顧本、道藏本此句前並有「致至也」三字，「得道之人」作「道人」。强本「得」字作「修」，集注本「損」字作「損」。又S四七七此句作「道人能損情去欲」。

〔二〕道藏本「五内」作「五藏」。又「静」字影宋本原作「淨」，今從S四七七、道藏本改作「静」。

〔三〕强本「至」字作「致」。S四七七無「於」字。

〔四〕影宋本「靜」原作「淨」，據經文「守清靜」，當作「靜」字。今從S四七七、道藏本與集注本改。

〔五〕顧本「並」字下有「作」字。

〔六〕道藏本「以」字下有「是」字。

〔七〕顧本「言吾」作「吾言」。道藏本無「見」字。

〔八〕顧本「人」字前有「言」字。又「念重其本」，强本作「念其本」，道藏本作「重其本」，影宋本、S四七七、集注本、天禄本等並作「念重本」，今從顧本作「念重其本」。

〔九〕S四七七無「者」字。

〔一〇〕道藏本此句作「花葉茂盛之貌」。

〔一一〕道藏本「復反」作「反復」。顧本「反」字下有「歸」字。

〔一二〕顧本無句首「根」字。

〔一三〕强本「復」字作「能」。

〔一四〕强本、道藏本此句作「靜曰復命」。

〔一五〕道藏本句首「言」字下有「能」字。又顧本、强本、道藏本「是爲」並作「是謂」。

〔一六〕顧本此句後有「乃道之常也」五字。道藏本「使」字作「便」。

〔一七〕S四七七「復命」下有「曰常」二字。

〔一八〕强本無「所」字。顧本與道藏本「行」字下有「者」字。

〔一九〕影宋本「妄」字原誤作「妾」，今從S四七七與道藏本改。

〔二〇〕顧本「失」字下有「其」字。

〔二一〕道藏本「故」字作「而」。

〔二二〕S四七七及廣明幢「容」字上並有「曰」字。

〔二三〕S四七七無「所」字。

〔二四〕影宋本原缺句首「則」字，據S四七七、顧本、强本、道藏本及集注本補。又「去情忘欲」四字，S四七七作「去情欲」，顧本作「能去情欲」，强本作「除情去欲」，道藏本作「除情欲」。

〔二五〕S四七七、治要「包」字作「苞」。

〔二六〕集注本「正」字作「政」。

〔二七〕S四七七「邪」字作「耶」。集注本無「衆邪莫當」四字。

〔二八〕集注本「正」字作「政」。

〔二九〕影宋本原缺句首「則」字，據S四七七、顧本、强本、道藏本與集注本增補。又S四七七、顧本與强本「可」字下並無「以」字。

〔三〇〕道藏本「一」字下有「而静」二字。集注本無此句及下二句注文。

〔三一〕顧本無「明千」二字。

〔三二〕顧本「躬」字作「身」。

〔三三〕强本「能王」作「王能」，顧本無「能」字。

〔三四〕影宋本及各本均無句首「則」字，惟道藏本有，今據補。又道藏本「合」字作「洽」。

〔三五〕影宋本「通」字原誤作「子」，今從S四七七、顧本、强本、道藏本及集注本改正。又道藏本「通」字後有「矣」字，强本、顧本有「也」字。

〔三六〕影宋本「王」字原誤作「天」，據S四七七、顧本、强本、道藏本、集注本改正。

〔三七〕顧本、强本無句首「乃」字，S四七七無「乃與」二字。道藏本「俱」字作「同」。

〔三八〕强本「不」字上有「而」字，顧本與道藏本有「終」字。

老子道經河上公章句卷二

淳風第十七

太上，下知有之。

太上謂太古〔一〕無名之君也〔二〕。下知有之者，下知上有君，而不臣事〔三〕，質朴也〔四〕。

其次親之譽之〔五〕。

其德可見，恩惠可稱，故親愛而譽之。

其次畏之。

設刑法以治之〔六〕。

其次侮之〔七〕。

禁多令煩〔八〕，不可歸誠，故欺侮之。

信不足焉〔九〕，〔有不信焉〕〔一〇〕。

君信不足於下，下則應之以不信，而欺其君也〔一一〕。

猶兮其貴言。

説太上之君，〔一二〕舉事猶〔猶〕〔一三〕，貴重於言〔一四〕，恐離道失自然也。

功成事遂〔一五〕，

謂天下太平也。

百姓皆謂我自然〔一六〕。

百姓不知君上之德淳厚〔一七〕，反以爲己自當然也〔一八〕。

校勘記

〔一〕集注本「太古」作「大君」。

〔二〕「無名之君也」，S四七七作「無爲之君」。强本及道藏本作「無名號之君」。

〔三〕顧本此句作「不見臣事之迹」。

〔四〕治要、强本、道藏本與S四七七「朴」字之下並有「淳」字，顧本有「淳厚」二字。又强本此句注文後多出「若不知者没而無謚法者號之曰皇」十四字。

〔五〕「其次親之譽之」，道藏本作「其次親而譽之」，與王弼本同。馬叙倫曰：「宋河上本作『親之譽之』，然諭注曰：『其德可見，恩惠可稱，故親愛而譽之』，則河上與王同。」于省吾曰：「『其次親而譽之』，河上本『而』作『之』，是也。」

〔六〕顧本「刑」作「形」。道藏本「治之」作「治也」。

〔七〕强本無「其次」二字。于省吾云：作「其次畏之侮之」與上句「其次親之譽之」相對爲文。

〔八〕影宋本「煩」字原誤作「湏」，今據顧本、强本、治要、S四七七、道藏本、集注本及天禄本改正。又顧本「令」字上多一「則」字。

〔九〕道藏本「信」字作「有」。

〔一〇〕案影宋本原無「有不信焉」四字，諭注文云「君信不足於下，下則應之以不信」，則當有此四字。今據治要、道藏本、集注本及范應元本補。又此句顧本、强本並作「信不足，有不信」，無兩「焉」字。S四七七作「信不足焉，有不信」，無下「焉」字。王念孫謂河上本此句斷作「信不足，焉有不信」，焉訓「於是」，言信不足，於是有不信。

〔一一〕「君信不足」至「而欺其君也」，此節注文除治要與天禄本外，其餘各本均不同於影宋本。如顧本作：

信不足，

君信不足於下，下則有巧詐之民也。

有不信。

君信不足於下，下則應之以不信，而欺其君也。

强本作：

信不足，

君信不足於下，下則有巧詐之民也。

有不信。

下則應之以不信，而欺其君也。

S四七作：

信不足焉，

君信不足於下，則有巧詐民。

有不信，

君信不足於下，下則應之以不信，而欺其君。

道藏本作：

有不足焉，

君信不足於下，下則欺詐於上。

有不信焉。

君信不足於下，下則應之以不信，而欺其君

集注本作：

信不足焉，

君信不足於下，下則有巧詐民。

有不信焉。

君信不足於下，下則應之以不信，而欺其君也。

〔一二〕道藏本「太上」作「太古」。

〔一三〕「猶猶」影宋本原作一「猶」字，於文義未足。道藏本作「猶猶」，S四七七作「猶然」，正釋經文「猶兮」之義。今據道藏本改。

〔一四〕集注本「貴重」作「貴聖」。

〔一五〕「功成事遂」，S四七七作「成功遂事」。

〔一六〕强本無「皆」字。

〔一七〕S四七七無「上」字與「淳」字。

〔一八〕S四七七句首「反」字作「乃」。道藏本「當」字作「知」。又影宋本「己」字原誤作「只」，S四七七無「只」字，今從顧本、强本、道藏本與集注本改作「己」。

俗薄第十八

大道廢〔一〕，有仁義；

大道之時，家有孝子，户有忠信〔二〕，仁義不見也〔三〕。大道廢不用〔四〕，惡逆生〔五〕，乃有仁義可傳道〔六〕。

智慧出〔七〕，有大僞；

智慧之君賤德而貴言〔八〕，賤質而貴文，下則應之以爲大僞姦詐〔九〕。

六親不和〔一〇〕，有孝慈；

六紀絶〔一一〕，親戚不和〔一二〕，乃有孝慈相收養也〔一三〕。

國家昏亂，有忠臣。

政令不行〔一四〕，上下相怨，邪僻爭權〔一五〕，乃有忠臣匡正其君也〔一六〕。此言天下太平不知仁〔一七〕，人盡無欲不知廉，各自潔己不知貞〔一八〕。大道之世〔一九〕，仁義没，孝慈滅，猶日中盛明〔二〇〕，衆星失光。

校勘記

〔一〕廣明幢「廢」字下有「焉」字。

〔二〕道藏本「户有忠信」作「國有忠信」，强本作「國有忠臣」。

〔三〕强本作「仁」字上有「則」字。道藏本無「不」字。

〔四〕强本無「不用」二字。

〔五〕强本、道藏本「惡」字上並有「而」字。顧本「生」字上有「並」字。S四七七「逆」字作「逬」。

〔六〕强本「可」字作「不」。S四七七句末有「耳」字。

〔七〕廣明幢句末有「焉」字。影宋本「慧」字原作「惠」，據S四七七、道藏本、顧本及强本改。下句注文「慧」字同此。

〔八〕道藏本無「而」字。天禄本「言」字作「信」。下句道藏本亦無「而」字。

〔九〕道藏本「以」字下無「爲」字。

〔一〇〕影宋本「和」字原誤作「合」，據廣明幢、S四七七及道藏本改。又廣明幢「和」字下有「焉」字。

〔一一〕「六紀絶」影宋本原誤作「六絶絶」，道藏本與集注本作「六親絶」。今據顧本、强本及S四七七改。

〔一二〕顧本「親」字上有「則」字。

〔一三〕「牧養」，顧本及天禄本並作「收養」。

〔一四〕S四七七「政」作「正」。天禄本「行」作「明」。

〔一五〕「邪僻」，道藏本作「邪辟」，S四七七作「耶僻」，集注本作「耶俑」。

〔一六〕「匡正」，S四七七、顧本、强本、道藏本與集注本並作「匡救」。

〔一七〕顧本「仁」下有「義」字。

〔一八〕影宋本原漏「自」字，據强本、顧本及S四七七補。又强本「各」字上多「上下」二字。顧本此句後多「各自守信不知忠也」一句。

〔一九〕「世」字影宋本誤作「君」，據S四七七、顧本，强本及道藏本改。又「大」字上道藏本有「故」字。

〔二〇〕「明」字影宋本原作「時」，今據S四七七、顧本、强本及道藏本改。又「中」字道藏本作「月」，亦通。

還淳第十九

絶聖

絶聖制作，反初守元〔一〕。五帝書象〔二〕，蒼頡作書〔三〕，不如三皇結繩無文〔四〕。

棄智，

棄智惠〔五〕，反無爲〔六〕。

民利百倍；

農事修，公無私〔七〕。

絶仁棄義，

絶仁之見恩惠〔一八〕，棄義之尚華言〔一九〕。

民復孝慈；

德化淳也〔一〇〕。

絶巧棄利，

絶巧者，詐僞亂真也〔一一〕。棄利者，塞貪路閉權門也〔一二〕。

盜賊無有。

上化公正〔一三〕，下無邪私〔一四〕。

此三者，

謂上三事所棄絶也〔一五〕。

以爲文不足，

以爲文不足者〔一六〕，文不足以教民〔一七〕。

故令有所屬。

當如下句。

見素抱朴，

見素者，當抱素守真〔一八〕，不尚文飾也。抱朴者，當抱其質朴〔一九〕，以示下〔二〇〕，故可法則〔二一〕。

少私寡欲。

少私者，正無私也。寡欲者，當知足也〔一二〕。

校勘記

〔一〕集注本「元」字作「无」。

〔二〕「畫象」，影宋本原作「垂象」，集注本作「盡象」，並誤。今據S四七七、顧本、强本、道藏本及陳景元本改。

〔三〕「蒼頡」，S四七七、强本、顧本、道藏本、集注本與陳景元本並作「倉頡」。又陳景元本「作書」作「造書」。

〔四〕道藏本句末作「無文而治也」，陳景元作「無文之治也」。

〔五〕顧本與强本「惠」並作「慧」。

〔六〕S四七七「反」字下多出一「不」字。

〔七〕集注本此句作「農事無私」。

〔八〕道藏本「見恩惠」作「見慧」，强本無「見」字。

〔九〕影宋本「言」字原作「信」，道藏本無「信」。今據S四七七、顧本與强本改。

〔一〇〕道藏本「淳」作「純」。

〔一一〕治要此句僅「絶巧詐也」四字。S四七七與强本、顧本均無「者」字。

〔二〕S四七七、顧本、道藏本均無「棄利者」三字，强本無「者」字。治要此句僅作「塞貪路也」四字。

〔三〕影宋本「正」原作「政」，據治要、意林、S四七七、强本、顧本及道藏本改作「正」。

〔四〕「下無邪私」，治要作「无邪私也」，S四七七作「无耶私」。意林、顧本及道藏本「邪私」均作「私邪」。

〔五〕「所棄絶也」，S四七七作「所絶棄」，道藏本作「絶棄」。顧本「所」字下有「當」字。

〔六〕治要無此句注。强本無句末「者」字。

〔七〕道藏本「教民」作「化民」。

〔八〕S四七七及顧本「抱」字作「見」。

〔九〕影宋本此句原作「當見其篤朴」，今據顧本、强本及S四七七改「見」爲「抱」，據强本、顧本、道藏本、集注本及S四七七改「篤」爲「質」。

〔一〇〕顧本與道藏本並作「以示天下」，强本作「以視下」。集注本無「下」字。

〔一一〕顧本「故」作「令」，道藏本無「故」。又治要此段注文僅「見素守真，抱其質樸」八字。

〔一二〕S四七七此段注文僅作「正無私，當知足」。顧本作「正而無私，當知足也」。强本作「當知足也」四字。

異俗第二十

絶學，

絶學不真，不合道文。

無憂。

除浮華則無憂患也。

唯之與阿，相去幾何？

同爲應對而相去幾何？疾時賤質而貴文〔一〕。

善之與惡，相去何若？

善者稱譽〔二〕，惡者諫諍〔三〕，能相去何如〔四〕？疾時惡忠直〔五〕，用邪佞也〔六〕。

人之所畏，不可不畏。

人謂道人也〔七〕。人所畏者〔八〕，畏不絶學之君也〔九〕。不可不畏〔一〇〕，近令色，殺仁賢〔一一〕。

荒兮其未央哉。

言世俗〔之〕人荒亂〔一二〕，欲進學爲文〔一三〕，未〔有〕央止也〔一四〕。

衆人熙熙，

熙熙，淫放多情欲也〔一五〕。

如享太牢〔一六〕，

如飢思太牢之具，意無足時也。

如春登臺，

春陰陽交通，萬物感動，登臺觀之，意志淫淫然〔一七〕。

我獨怕兮其未兆〔一八〕，

我獨怕然安靜〔一九〕，未有情欲之形兆也〔二〇〕。

如嬰兒之未孩〔二一〕，

如小兒未能答偶人時也〔二二〕。

乘乘兮若無所歸。

我乘乘如窮鄙〔二三〕，无所歸就。

衆人皆有餘，

衆人餘財以爲奢〔二四〕，餘智以爲詐。

而我獨若遺，

我獨如遺棄〔二五〕，似於不足也〔二六〕。

我愚人之心也哉，

不與俗人相隨〔二七〕，守一不移，如愚人之心也。

沌沌兮〔二八〕。

无所分别。

俗人昭昭〔二九〕，

明且達也。

我獨若昏；

如闇昧也。

俗人察察〔三〇〕，

察察〔三一〕，急且疾也〔三二〕。

我獨悶悶。

悶悶〔三三〕，无所割截〔三四〕。

忽兮若海〔三五〕。

我獨忽忽，如江海之流〔三六〕，莫知其所窮極也。

漂兮若無所止〔三七〕。

我獨漂漂〔三八〕，若飛若揚〔三九〕，無所止也，志意在神域也。

衆人皆有以，

以，有爲也〔四〇〕。

而我獨頑似鄙，

我獨無爲〔四一〕，似鄙〔四二〕，若不逮也。

我獨異於人，

我獨與人異也〔四三〕。

而貴食母。

食，用也。母，道也。我獨貴用道也〔四四〕。

校勘記

〔一〕道藏本「時」字下有「君」字。

〔二〕「稱譽」，影宋本誤作「和譽」，據S四七七、顧本、强本、道藏本及集注本改正。

〔三〕「諫諍」，影宋本誤作「諫爭」，據S四七七、强本、顧本與天禄本改正。

〔四〕顧本無「能」字。

〔五〕强本無「忠」。道藏本「時」下有「君」。

〔六〕「邪佞」，S四七七及强本並作「佞耶」。

〔七〕集注本「謂」字作「爲」。

〔八〕顧本無「人」字。

〔九〕强本「學」字下多一「爲」字。

〔一〇〕S四七七、强本、顧本與道藏本均無「不可不畏」四字。

〔一一〕「殺仁賢」，S四七七作「煞仁賢」，顧本與道藏本並作「殺賢人」。

〔一二〕影宋本句首「言」字上原衍一「或」字，據S四七七、顧本、道藏本與取善集删。强本「或言」二字皆无。又影宋本原缺「之」字，據顧本與道藏本補。取善集无「之人」二字。

〔一三〕「進學爲文」，强本作「學爲進文」。道藏本作「進學邪文」。顧本作「進學爲邪文」。S四七七作「進學文」。

〔一四〕影宋本原无「有」字，據取善集補。

〔一五〕「淫放」，天禄本作「放淫」。强本作「淫佚」。S四七七無「放」字。

〔一六〕釋文云：「享，河上公作饗，用也。」

〔一七〕顧本此句作「志意淫淫也」。强本作「志意淫佚」。

〔一八〕釋文云：「廓兮其未兆，河上本作泊。」案今河上各本均作「怕」，唯强本作「泊」，與釋文同。泊、怕古義可通。畢沅曰：「説文解字：『怕，無爲也。』是作怕亦通。」

〔一九〕「怕然」，强本作「泊然」。道藏本作「怕兮」。

〔二〇〕「未有」，道藏本作「無」。又道藏本、顧本並無「之」字。

〔二一〕影宋本「嬰」原作「孾」，據强本與道藏本改。又于省吾謂河上本「孩」字讀如「咳」。說文「咳，小兒笑也。孩，古文咳」。案于說是。

〔二二〕「未能答偶人時也」，顧本作「未能言答偶時人也」。

〔二三〕顧本此句作「魁然如窮鄙」，與諸本均不同。

〔二四〕道藏本「衆人」下多「皆有」二字。

〔二五〕道藏本「如」字作「若」。

〔二六〕集注本無「於」字。

〔二七〕道藏本「隨」字作「爲」。

〔二八〕强本與道藏本作「純純兮」。

〔二九〕〔三〇〕道藏本兩「俗」字均作「衆」。

〔三一〕道藏本與强本無「察察」二字。

〔三二〕顧本此句作「急疾也」。强本作「急且疾，立法制也」。

〔三三〕顧本無「悶悶」二字。

〔三四〕道藏本「割截」作「截割」。

〔三五〕强本作「忽若晦」。廣明幢「若」字上多一「其」字。

〔三六〕顧本「如」字作「若」。强本無「如」字，道藏本「如」字上有「兮」字。

〔三七〕釋文云：「颼，河上作淵兮。」武内義雄曰：「天文鈔河上本作瀰兮，廣明幢作瀰兮，瀧川本及世德堂本作漂兮。」又强本此句作「寂兮似無所止」。

〔三八〕顧本「漂漂」作「飄飄」。

〔三九〕「若揚」，顧本作「颼」，强本作「揚」。道藏本作「若場」。

〔四〇〕强本無「有」字。

〔四一〕强本無「我」字。范應元本作「頑，無爲也」，於義爲長。

〔四二〕影宋本「似鄙」原作「鄙似」，范應元本無「似」字，今從顧本作「似鄙」。

〔四三〕道藏本無「我獨」二字。

〔四四〕道藏本「我」字上有「唯」字。强本無「貴」字。顧本「用」字下有「於」。

虚心第二十一

孔德之容，

孔，大也。有大德之人無所不容〔一〕，能受垢濁，處謙卑也〔二〕。

唯道是從。

唯，獨也。大德之人不隨世俗所行，獨從於道也。

道之爲物，唯怳唯忽。

道之於萬物〔三〕，獨怳忽往來〔四〕，而無所定也〔五〕。

忽兮怳兮，其中有象〔六〕；

道唯忽怳無形〔七〕，其中獨有萬物法象〔八〕。

怳兮忽兮，其中有物〔九〕，

道唯怳忽〔一〇〕，其中有一，經營生化〔一一〕，因氣立質。

窈兮冥兮，其中有精，

道唯窈冥無形〔一二〕，其中有精實，神明相薄，陰陽交會也〔一三〕。

其精甚真，

言道精氣神妙甚真〔一四〕，非有飾也〔一五〕。

其中有信。

道匿功藏名〔一六〕，其信在中也〔一七〕。

自古及今，其名不去，

自，從也。從古至今〔一八〕，道常在不去。

以閲衆甫〔一九〕。

閲，稟也。甫，始也。言道稟與〔二〇〕，萬物始生〔二一〕，從道受氣。

吾何以知衆甫之然哉〔二二〕？

吾何以知萬物從道受氣〔二三〕？

以此。

此，今也。以今萬物皆得道〔之〕精氣而生〔二四〕，動作起居〔二五〕，非道不然〔二六〕。

校勘記

〔一〕「有大德之人」，强本作「大德之容」。

〔二〕道藏本「謙卑」作「謙冲」。

〔三〕强本無「之」字。

〔四〕「怳忽」，顧本作「怳惚」，强本與集注本作「恍惚」。

〔五〕影宋本此句原作「於其無所定也」，强本與顧本作「於其所也」。今從道藏本改。

〔六〕天禄本「象」字作「像」。

〔七〕「唯」字顧本與强本均作「雖」。古「唯」、「雖」、「惟」可通用，説見王引之經傳釋詞，此處「唯」字應讀作「雖」。又「忽怳」，顧本作「惚怳」，强本與集注本作「恍惚」，道藏本作「窈冥」。

〔八〕「其中獨有萬物法象」，影宋本原作「之中獨爲萬物法象」，於義不通。顧本作「其中獨爲萬物設法象」，亦費解。今據道藏本改。又顧本、天禄本與集注本「象」字均作「像」。

〔九〕俞樾云：「惚兮怳兮」二句，應在「恍兮惚兮」二句之下。案今道藏河上本正與俞説相合。

〔一〇〕顧本「唯」作「雖」，强本作「之」。又顧本「怳忽」作「怳惚」，强本作「恍惚」，集注本作「恍忽」。

〔一一〕影宋本「生化」原作「主化」，集注本作「造化」。今據强本改正。

〔一二〕顧本「唯」作「雖」。道藏本缺「無形」二字。

〔一三〕强本「也」作「之」。顧本「也」字上有「以立形神」四字。

〔一四〕影宋本「道」字原作「存」，據上下文義應作「道」，今從顧本、强本、道藏本及集注本改。又影宋本「神妙」原作「其妙」，今從顧本、道藏本與集注本改。强本無「神妙」二字，亦通。

〔一五〕强本「有」字作「真」。

〔一六〕强本無「藏」字。

〔一七〕道藏本此句作「信在其中」。

〔一八〕影宋本「從」字原作「自」。今據顧本、强本、道藏本、集注本與取善集改。

〔一九〕俞樾曰：甫與父通，河上注曰「父始也」，然則衆甫卽衆父矣。

〔二〇〕「言道稟與」，顧本「道」字下多一「能」字。道藏本無「與」字。强本無「道稟與」三字。

〔二一〕强本「始」字作「之」。

〔二二〕廣明幢無「之」字。釋文云此句河上一本直云吾何狀也」。

〔二三〕道藏本無此句注文。强本無「從」字。顧本「從」字上有「萬物」二字。

〔二四〕强本「萬物」下有「之精」二字，「道」字下有「之」字。影宋本原無「之」字，從强本補。

〔二五〕强本與顧本句首均多一「人」字。

〔二六〕强本「非」字下有「其」字。

益謙第二十二

曲則全，

曲己從衆，不自專，則全其身也〔一〕。

枉則直，

枉，〔屈也〕〔二〕。屈己而伸人〔三〕，久久自得直也〔四〕。

窪則盈〔五〕，

地窪下〔六〕，水流之〔七〕；人謙下〔八〕，德歸之〔九〕。

弊則新，

自受弊薄，後己先人，天下敬之，久久自新也〔一〇〕。

少則得，

自受取少則得多也〔一一〕。天道祐謙，神明託虚〔一二〕。

多則惑。

財多者〔一三〕惑於所守〔一四〕，學多者惑於所聞。

是以聖人抱一爲天下式。

抱，守也。式，法也〔一五〕。聖人守一，乃知萬事〔一六〕，故能爲天下法式也。

不自見，故明；

聖人不以其目視千里之外〔一七〕，乃因天下之目以視〔一八〕，故能明達也〔一九〕。

不自是，故彰；

聖人不自以爲是而非人〔二〇〕，故能彰顯於世〔二一〕。

不自伐，故有功；

伐，取也。聖人德化流行，不自取其美，故有功於天下。

不自矜，故長。

矜，大也。聖人不自貴大，故能〔長〕久不危〔二二〕。

夫唯不爭〔二三〕，故天下莫能與之爭。

此言天下賢與不肖，无能與不爭者爭也。

古之所謂曲則全者，豈虛言哉？

傳古言曲從則全身〔二四〕，此言非虛妄也〔二五〕。

誠全而歸之〔二六〕。

誠，實也〔二七〕。能行曲從者〔二八〕，實其肌體〔二九〕，歸之於父母，無有傷害也〔三〇〕。

校勘記

〔一〕治要、意林、顧本、强本、道藏本與集注本均無「其身」二字。

〔二〕影宋本原漏「屈也」二字，據顧本與道藏本補。又强本「枉屈也屈己」五字作「枉己」。

〔三〕影宋本原作「申人」，今從意林、顧本、强本與道藏本改作「伸人」。

〔四〕道藏本作「久久而自得真已」。

〔五〕〔六〕道藏本兩「窪」字並作「窊」。朱謙之曰：窪、窊字同，皆洿下低陷之義，窊爲窪之古文。説文：「窊，污衺下也。」廣雅釋詁：「窊，下也。」

〔七〕道藏本作「水歸之」。

〔八〕影宋本「謙下」誤作「則下」，據顧本、强本、治要、道藏本、集注本與取善集改正。

〔九〕道藏本「德」作「後」，形近而誤。

〔一〇〕道藏本「也」字前有「之」字。

〔一一〕「自受取少」，治要、意林、范應元本、强本及道藏本均無「取」字。顧本無「受」字。又意林此句在「天道祐謙」句下。

〔一二〕道藏本作「鬼神益虚」。

〔一三〕「財多者」，范應元本作「多財者」，下句「學多者」作「多學者」。

〔一四〕「所守」，治要、意林、强本、顧本與范應元本均作「守身」。

〔一五〕「抱守也式法也」，影宋本誤作「抱守法式也」。從治要、顧本、强本、道藏本及范應元本改正。

〔一六〕强本「乃知萬事」作「萬事畢」。

〔一七〕陳景元本此句作「聖人雖明，不自見千里之外」。集注本無「目」字。

〔一八〕顧本與陳景元本「視」下有「之」字。治要前二句作「聖人因天下之目以視」。

〔一九〕強本「達」字作「遠」。

〔二〇〕治要無「以」字。

〔二一〕道藏本句末有「矣」字。

〔二二〕影宋本原無「長」字，從治要、強本、顧本與道藏本補。又范應元本「長久」作「長生」。

〔二三〕道藏本「不爭」作「不矜」。

〔二四〕「傳古言」，取善集作「古者」。又道藏本無「身」字。

〔二五〕影宋本「此言」原作「正言」，從顧本與取善集改。又取善集無句末「妄也」二字。

〔二六〕道藏本句首有「故」字。

〔二七〕強本句首「誠」字前有「能」字。

〔二八〕強本無「行」。

〔二九〕影宋本「肌體」誤作「飢體」，據顧本、強本與道藏本、集注本改。又顧本及強本「實」字下多一「全」字。

〔三〇〕強本「也」字前有「之者」二字。

虚無第二十三

希言自然。

希言者〔一〕，謂愛言也〔二〕。愛言者自然之道。

飄風不終朝〔三〕，驟雨不終日。

飄風，疾風也。驟雨，暴雨也。言疾〔風〕不能長〔四〕，暴〔雨〕不能久也〔五〕。

孰爲此者？天地。

孰，誰也。誰爲此飄風暴雨者乎〔六〕？天地所爲。

天地尚不能久，

不〔能〕終於朝暮也〔七〕。

而况於人乎？

天地至神，合爲飄風暴雨〔八〕，尚不能使終朝至暮〔九〕，何况〔於〕人〔一〇〕欲爲暴卒乎〔一一〕？

故從事於道者〔一二〕，

從，爲也。人爲事當如道安静，不當如飄風驟雨也〔一三〕。

道者同於道，

道者謂好道〔之〕人也〔一四〕。同於道者〔一五〕，所爲與道同也〔一六〕。

德者同於德，

德〔者〕謂好德〔之〕人也〔一七〕。同於德者〔一八〕，所爲與德同也〔一九〕。

失者同於失。

失謂任己〔而〕失人也〔二〇〕。同於失者，所爲與失同也〔二一〕。

同於道者，道亦樂得之〔二二〕；

與道同者，道亦樂得之也。

同於德者，德亦樂得之〔二三〕；

與德同者，德亦樂得之也。

同於失者，失亦樂失之〔二四〕。

與失同者，失亦樂失之也〔二五〕。

信不足焉，有不信焉〔二六〕。

君信不足於下，下則應君以不信也〔二七〕。此言物類相從〔二八〕，同聲相應，〔同氣相求〕〔二九〕，雲從龍，風從虎，水流濕。火就燥，自然之數也〔三〇〕。

校勘記

〔一〕顧本、强本與道藏本無「者」字。

〔二〕影宋本「謂」字作「是」，據顧本、强本、道藏本與集注本改。

〔三〕廣明幢「飄」作「飃」。

〔四〕道藏本無「言」字。又影宋本原缺「風」字，從强本補。

〔五〕影宋本原缺「雨」字，從强本補。

〔六〕强本無「此」字。道藏本無「孰誰也」三字及句末「乎」字。

〔七〕影宋本原缺「能」字，從顧本補。又道藏本此句作「不能終朝至夕」。

〔八〕范應元本作「天地所以忽爲飄風暴雨」。

〔九〕强本無「尚」。顧本無「使」。道藏本「終」字作「從」。

〔一〇〕影宋本原缺「於」字，據顧本、道藏本與范應元本補。

〔一一〕「欲爲暴卒乎」，道藏本作「而欲暴卒乎」。范應元本作「欲爲暴卒事也」。治要作「欲爲暴卒者乎」。

〔一二〕治要無「者」。

〔一三〕顧本與道藏本「驟」字作「暴」。

〔一四〕影宋本缺「之」字，據顧本、道藏本與取善集補。

〔一五〕取善集無「者」。

〔一六〕「所爲」，影宋本原作「所謂」，據顧本、道藏本與集注本改。又强本「同」字下有「者」字。

〔一七〕影宋本原無「者」字，據道藏本與取善集補。又影宋本原無「之」，據顧本補。又「好德之人」，道藏本與取善集作「有德之人」。

〔一八〕取善集無「者」字。

〔一九〕「所爲」，影宋本原作「所謂」，據顧本、强本、道藏本與集注本改。

〔二〇〕影宋本原無「而」字，據顧本與道藏本補。又道藏本「任」字上有「自」字。

〔二一〕「所爲」，影宋本原作「所謂」，據顧本與道藏本改作「所爲」。又道藏本「所爲」二字上有「謂」字。

〔二二〕〔二三〕〔二四〕强本無三「樂」字。又「失之」，强本、道藏本並作「得之」。

〔二五〕取善集「失之」作「得之」。

〔二六〕强本無兩「焉」字。

〔二七〕「君」字顧本、道藏本均作「之」。又「不信」影宋本原作「不足」，據顧本、道藏本與范應元本改正。

〔二八〕「相從」，影宋本原作「相歸」，今據强本改作「相從」。

〔二九〕影宋本原無「同氣相求」四字，今據顧本補。案易乾文言曰：「同聲相應，同氣相求，水流濕，火就燥，雲從龍，風從虎，聖人作而萬物覩。」河上注即本易傳以釋老子「道者同於道，德者同於德，失者同於失」之意。

〔三〇〕影宋本「數」字原作「類」，案作「數」字義長，今從顧本與道藏本改。

苦恩第二十四

跂者不立〔一〕，

跂，進也。謂貪權慕名〔二〕，進取功榮，則不可久立身行道也〔三〕。

跨者不行，

自以爲貴而跨於人〔四〕，衆共蔽之〔五〕，使不得行。

自見者不明，

人自見其形容以爲好〔六〕，自見〔其〕所行〔七〕以爲應道〔八〕，殊不自知其形〔容〕醜〔而〕操行之鄙〔九〕。

自是者不彰，

自以爲是而非人〔一〇〕，衆共蔽之〔一一〕，使不得彰明〔一二〕。

自伐者無功，

所爲輒自伐取其功美〔一三〕，即失有功於人也〔一四〕。

自矜者不長。

好自矜大者〔一五〕，不可以長久〔一六〕。

其於道也〔一七〕，曰餘食贅行〔一八〕。

贅，貪也。使此自矜伐之人，在治國之道〔一九〕，日賦斂〔二〇〕餘禄食〔以〕爲貪行〔二一〕。

物或惡之，

此人在位，動欲傷害，故物無有不畏惡之者〔二二〕。

故有道者不處也。

言有道之人不居其國也〔二三〕。

校勘記

〔一〕釋文云「跂」字河上作「豉」。

〔二〕道藏本「慕名」作「冒名」。

〔三〕强本「則」字上有「如此」二字。

〔四〕「跨於人」，强本作「跨越於人」，道藏本作「跨之於人」。

〔五〕顧本與强本「蔽」字作「弊」。

〔六〕道藏本「人」字上有「凡」字。

〔七〕影宋本原無「其」字，據道藏本與顧本補。又顧本無「所」字。

〔八〕道藏本「應道」作「人道」。

〔九〕治要無句首「殊」字。顧本與強本無「自」字。影宋本原缺「容」字及「而」字，據強本補「容」，據道藏本補「而」。

〔一〇〕道藏本、取善集「人」字下並有「者」字。又強本「非」字下有「於」字。

〔一一〕治要、強本「衆」字下並有「人」。「蔽」字顧本與強本並作「弊」。

〔一二〕取善集無「得」字。道藏本與取善集「彰明」並作「彰顯」。

〔一三〕「所爲」，影宋本原作「所謂」，據治要、顧本、道藏本改，強本作「所以」。又治要無「取其功美」四字。

〔一四〕強本「卽失」作「自失」，道藏本作「卽自失」。治要無「於人」二字。

〔一五〕治要無「大」字。

〔一六〕治要無「可」字。「長久」，治要、顧本及道藏本並作「久長」。

〔一七〕俞樾云：據注文河上本「於」當作「在」。

〔一八〕俞樾云：據注文河上本「曰」字當作「日」。

〔一九〕道藏本「在」字作「任」。

〔二〇〕影宋本「日賦斂」誤作「曰然斂」，據顧本、強本、道藏本、集注本與天禄本改正。又強本多一「日」字。

〔二〕影宋本無「以」字，據顧本補。

〔三〕「之者」，影宋本原誤作「地」，集注本作「也」，顧本與道藏本作「之」，今據强本改正。又顧本無「有」字。

〔三〕强本「也」字上多一「者」字。

象元第二十五

有物混成，先天地生。

謂道無形〔一〕，混沌而成萬物〔二〕，乃在天地之前。

寂兮寥兮，獨立而不改，

寂者無音聲，寥者空無形，獨立者無匹雙，不改者化有常〔三〕。

周行而不殆，

道通行天地〔四〕，无所不入，在陽不焦〔五〕，託陰不腐〔六〕，无不貫穿〔七〕，〔而〕不危殆也〔八〕。

可以爲天下母，

道育養萬物精氣，如母之養子〔九〕。

吾不知其名，字之曰道。

我不見道〔之〕形容〔一〇〕，不知當何以名之〔一一〕，見萬物皆從道所生〔一二〕，故字之曰道也。

强爲之名曰大〔一三〕。

不知其名，强〔名〕曰〔大〕。 大者〔一四〕高而无上，羅而无外，无不包容，故曰大也〔一五〕。

大曰逝，

其爲大，非若天常在上，非若地常在下〔一六〕，乃復逝去，無常處所也〔一七〕。

逝曰遠，

言遠者，窮乎無窮〔一八〕，布氣天地〔一九〕，無所不通也。

遠曰反〔二〇〕，

言其遠不越絶〔二一〕，乃復〔反〕在人身也〔二二〕。

故道大、天大、地大、王亦大。

道大者，包羅天地〔二三〕，無所不容也；天大者，無所不蓋也；地大者，無所不載也；王大者，無所不制也〔二四〕。

域中有四大〔二五〕，而王居其一焉〔二六〕。

八極之内有四大，王居其一也〔二七〕。

人法地，

人當法地安靜和柔〔二八〕，種之得五穀〔二九〕，掘之得甘泉〔二九〕，勞而不怨〔三〇〕，有功而不置也〔三一〕。

地法天，

天澹泊不動〔三二〕，施而不求報〔三三〕，生長萬物，無所收取。

天法道，

道清靜不言〔三四〕，陰行精氣〔三五〕，萬物自成也〔三六〕。

道法自然。

道性自然〔三七〕，無所法也。

校勘記

〔一〕「謂道無形」，顧本與道藏本作「謂道也道無形」。

〔二〕「混沌」，集注本作「混然」。

〔三〕集注本「化有常」作「君子常」。

〔四〕顧本「通行」作「遍行」。

〔五〕集注本「焦」作「燋」。

〔六〕集注本作「記陰不竊」。

〔七〕道藏本「貫」作「由」。

〔八〕影宋本原無「而」字，據道藏本補。顧本此句作「不危不殆也」。

〔九〕顧本「如」字上有「亦」字。

〔一〇〕影宋本原無「之」，據顧本、强本、道藏本、集注本與取善集補。

〔一一〕取善集無「之」字。

〔一二〕取善集無「所」字。道藏本「所」字作「而」。

〔一三〕道藏本作「强名之曰大」。

〔一四〕「不知其名强名曰大大者」，影宋本原作「不知其名强曰大者」，强本作「不知而名曰强大者」，道藏本作「不知其名强名曰大」，皆與下文義不通順。今從顧本斷作「不知其名，强名曰大。大者」，下接「高而无上」云云，文義較通順。

〔一五〕强本無「故」字。

〔一六〕范應元本無「非若」二字。

〔一七〕顧本無「所」字。

〔一八〕「乎」字，顧本、强本、道藏本與范應元本並作「於」。

〔一九〕强本與范應元「氣」字並作「炁」。

〔二〇〕强本「反」作「返」。

〔二一〕「不越絶」，顧本作「不超絶」，强本作「不超然絶遠」。

〔二二〕影宋本原缺「反」字，據道藏本補。又顧本、强本及范應元本「反」字並作「返」。

〔二三〕影宋本「天地」上原有「諸」字，據顧本删去。又治要無「包羅天地」四字。强本「無所不容」在此句前。

〔二四〕治要無四「所」字。顧本與强本無後三「所」字。

〔二五〕案影宋本在此句經文下有一大段七十八字注文，全係鈔録王弼之注，顯係後人以王注竄入，顧本、强本、道藏本、治要及集注本均無此段，今删去。

〔二六〕道藏本無句首「而」字。

〔二七〕集注本無「其」。强本「也」作「焉」。

〔二八〕顧本於句首「人」字之下有「君」字。又「和柔」，影宋本原作「柔和也」，據治要、强本、顧本、道藏本與集注本改正。

〔二九〕强本缺兩「之」字。

〔三〇〕顧本「不」作「無」。

〔三一〕「置」字影宋本原作「制」，據治要、顧本、强本、道藏本與集注本改。

〔三二〕影宋本原作「湛泊」，今據顧本改作「澹泊」。又强本作「湛然」，亦可。

〔三三〕道藏本「而」作「之」。

〔三四〕影宋本「清静」原作「清淨」，今從治要、顧本與集注本。又强本、顧本與道藏本「道」字下多一「法」字。

〔三五〕强本作「陰陽運行精氣」。

〔三六〕顧本作「萬物不化自成」，道藏本作「萬物自然生長」。

〔三七〕集注本作「道長生自然」。

重德第二十六

重爲輕根，

人君不重則不尊，治身不重則失神，草木之花葉輕故零落〔一〕，根重故長存也〔二〕。

靜爲躁君。

人君不靜則失威〔三〕，治身不靜則身危。龍靜故能變化〔四〕，虎躁故夭虧也〔五〕。

是以聖人終日行，不離輜重。

輜，靜也。聖人終日行道，不離其靜與重也〔六〕。

雖有榮觀、燕處，超然。

榮觀謂宫闕〔七〕。燕處〔八〕，后妃所居也。超然，遠避而不處也。

奈何萬乘之主，而以身輕天下〔九〕？

奈何者〔一〇〕，疾時主傷痛之辭〔一一〕。萬乘之主謂王〔者〕〔一二〕。王者至尊，而以其身行輕躁乎〔一三〕？疾時王奢恣輕淫也〔一四〕。

輕則失臣，

王者輕淫則失其臣〔一五〕，治身輕淫則失其精〔一六〕。

躁則失君。

王者行躁疾則失其君位，治身躁疾則失其精神。

校勘記

〔一〕「花葉」，影宋本原作「華」，今從顧本、强本、道藏本、取善集與范應元本改。范本無「輕故」二字。

〔二〕顧本與道藏本「故」字下有「能」字。

〔三〕「失威」，集注本作「失神」，范應元本作「不威」。

〔四〕「故能」，取善集與范應元本並作「則能」。

〔五〕「故夭虧也」，顧本作「故致夭虧」，取善集與范應元本均作「故乃夭虧」，道藏本作「故虧夭也」。

〔六〕顧本無「其」，强本「其」字作「於」。道藏本無「與」。

〔七〕「闕」字影宋本作「闘」，據顧本、强本、道藏本與集注本改正。又「謂」字强本作「爲」。

〔八〕顧本與强本「燕處」作「燕舍」。

〔九〕治要與道藏本「輕」下有「於」字。

〔一〇〕集注本「奈何」作「如何」。

〔一一〕道藏本「時主」作「其時」。治要與强本「之辭」作「之也」。

〔一二〕影宋本句末原無「者」字，據顧本、强本與集注本補。

〔一三〕道藏本「以」作「於」。

〔一四〕强本無「王」字。顧本及道藏本「輕淫」之下有「失其精」三字。

〔一五〕影宋本「淫」字誤作「滔」，據治要、强本、顧本、道藏本與集注本改正。强本無「其」字。

〔一六〕「輕淫」，道藏本作「輕躁」，集注本作「而淫」。

巧用第二十七

善行無轍迹〔一〕，

善行道者求之於身〔二〕，不下堂，不出門，故無轍迹〔三〕。

善言無瑕讁〔四〕，

善言謂擇言而出之〔五〕，則無瑕疵讁過於天下〔六〕。

善計不用籌策〔七〕，

善以道計事者，守一不移〔八〕，所計不多〔九〕，則不用籌策〔一〇〕而可知也〔一一〕。

善閉無關楗而不可開〔一二〕，

善以道閉情欲、守精神者，不如門户有關楗可得開〔一三〕。

善結無繩約而不可解〔一四〕。

善以道結事者，乃可結其心〔一五〕，不如繩索可得解也〔一六〕。

是以聖人常善救人，

聖人所以常教人忠孝者〔一七〕，欲以救人性命〔一八〕。

故無棄人；

使貴賤各得其所也。

常善救物，

聖人所以〔常〕教民順四時〔者〕〔一九〕，〔欲〕以救萬物之殘傷〔二〇〕。

故無棄物，

聖人不賤石而貴玉，視之如一。

是謂襲明。

聖人善救人物〔二一〕，是謂襲明大道〔二二〕。

故善人者〔二三〕，不善人之師；

人之行善者，聖人即以爲人師〔二四〕。

不善人者〔二五〕，善人之資。

資，用也。人行不善〔者〕〔二六〕，聖人猶教導使爲善〔二七〕，得以給用也〔二八〕。

不貴其師，

獨無輔也。

不愛其資，

無所使也。

雖智大迷〔二九〕。

雖自以爲智〔三〇〕，言此人乃大迷惑。

是謂要妙。

能通此意〔三一〕，是謂〔三二〕知微妙要道也。

校勘記

〔一〕廣明幢與道藏本「善行」下有「者」字。「迹」，廣明幢與意林作「跡」。釋文曰：「跡，河上作迹。」

〔二〕意林無「於」。

〔三〕意林「迹」作「跡」。

〔四〕廣明幢與意林「善言」下有「者」字。「謫」字意林與道藏本作「讁」。案謫讁二字可通，廣韻曰：「讁，同謫。」

〔五〕影宋本原無「之」字，據顧本、意林、强本與道藏本補。意林無「善言謂」三字。

〔六〕强本「瑕疵」作「瑕病」，意林與道藏本無「疵」字。「謫」字集注本作「非」，强本、顧本、意林與道藏本均作「謫」。意林無「過於天下」四字。

〔七〕廣明幢「善計」下有「者」字。

〔八〕影宋本「守」上原有「則」字，據顧本與强本删。

〔九〕顧本「不多」作「雖多」。

〔一〇〕道藏本「籌策」作「善策」。顧本「策」字作「筭」。

〔一一〕道藏本无「可」字。强本「知」字下有「者」字。

〔一二〕「善閉」之下道藏本有「者」字。「楗」字影宋本作「揵」，道藏本作「鍵」，皆非。今從天禄本改作「楗」。説文：「楗，門限也。」

「可得而開也」。

〔一三〕影宋本「楗」字原作「揵」，據顧本、强本與天禄本改。道藏本無「楗」。又「可得開」，强本作「不可得開之」，顧本作

〔一四〕道藏本「善結」下有「者」字。

〔一五〕顧本、强本、道藏本均無「可」。

〔一六〕强本「也」作「之」。

〔一七〕强本「忠孝」作「忠正」。道藏本無「者」字。

〔一八〕「性命」，影宋本誤作「在命」，據治要、顧本、强本、道藏本與集注本改正。又强本「性」字上有「之」字。

〔一九〕影宋本原無「常」，據治要與顧本補。道藏本無「教民」二字。又影宋本無「者」，據治要補。

〔二〇〕影宋本原無「欲」，於文義未足，據上文「欲以救人性命」，此處亦當有「欲」字。又「殘傷」顧本及道藏本並作「殘傷」。

〔二一〕顧本「人物」作「萬物」。

〔二二〕影宋本句首原缺「是」，據顧本、强本與道藏本補。又「大道」，顧本及强本並作「天道」。

〔二三〕〔二五〕强本無兩「者」字。

〔二四〕道藏本「即」作「則」。

〔二六〕影宋本原無「者」，據强本補。

〔二七〕道藏本無「聖人」二字。治要「猶教導」作「教道」。

〔二八〕顧本無「得」，强本「也」作「之」。劉師培引河上公「給」作「資」。治要「以」字下有「爲」字。

〔二九〕强本與道藏本「智」並作「知」。

〔三〇〕顧本「智」字作「知」。

〔三一〕道藏本「意」作「道」。

〔三二〕顧本「是謂」下有「能」字。

反朴第二十八

知其雄，守其雌，爲天下谿。

雄以喻尊，雌以喻卑。人雖自知〔其〕尊顯〔一〕，當復守之以卑微〔二〕，去〔雄〕之强梁〔三〕，就雌之柔和〔四〕，如是則天下歸之，如水流入深谿也〔五〕。

爲天下谿，常德不離。

人能謙下如深谿〔六〕，則德常在〔七〕，不復離於己〔八〕。

復歸於嬰兒〔九〕。

當復〔一〇〕歸志於嬰兒〔一一〕，惷然而無所知也〔一二〕。

知其白，守其黑，爲天下式。

白以喻昭昭〔一三〕，黑以喻默默〔一四〕。人雖自知昭昭明白〔一五〕，當復守之以默默〔一六〕，如闇昧無所見，如是則可爲天下法式〔一七〕，其德常在〔一八〕。

爲天下式，常德不忒。

人能爲天下法〔式〕〔一九〕，則德常在於己〔二〇〕，不復差忒〔二一〕。

復歸於無極。

德不差忒，則長生久壽〔二二〕，歸身於無窮極也〔二三〕。

知其榮，守其辱，爲天下谷。

榮以喻尊貴，辱以喻污濁〔二四〕。〔人能自〕知己之有榮貴〔二五〕，當〔復〕〔二六〕守之以污濁〔二七〕，如是則天下歸之，如水流入深谷也〔二八〕。

爲天下谷，常德乃足，

足，止也。人能爲天下谷，〔則〕德乃〔常〕止於己〔二九〕。

復歸於朴。

復當歸身於質朴〔三〇〕，不復爲文飾〔三一〕。

朴散則爲器，

〔器，用也〕〔三二〕。萬物之朴散則爲器用，若道散則爲神明，流爲日月〔三三〕，分爲五行也。

聖人用之則爲官長，

聖人升用則爲百官之元長也〔三四〕。

故大制不割。

聖人用之則以大道制御天下，无所傷割〔三五〕。治身則以大道制〔御〕情欲〔三六〕，不害精神也〔三七〕。

校勘記

〔一〕「自知其」，影宋本原作「知自」二字，今據治要、顧本、强本、道藏本與集注本改「知自」爲「自知」，又據顧本、强本與道藏本補「其」字。

〔二〕道藏本「之以」二字作「其」。

〔三〕影宋本漏「雄」字，據治要、顧本、强本、道藏本與集注本補。又道藏本「雄」字上有「其」字。

〔四〕道藏本「雌」字上有「其」字。

〔五〕「水流入」，治要與强本作「水之流入」，顧本作「水之流」，道藏本作「水之游」。

〔六〕治要「谿」作「溪」。

〔七〕顧本「常在」作「恒在」。

〔八〕道藏本「不能離於己也」。治要作「不復離己」。强本作「不離己也」。

〔九〕影宋本「嬰」作「孾」，據道藏本改。

〔一〇〕影宋本原作「常復」，道藏本與集注本作「復當」，今從顧本作「當復」。

〔一一〕道藏本「歸志」作「復志」。顧本「於」作「如」。影宋本「嬰」原作「孾」，據顧本、道藏本與集注本改。

〔一二〕道藏本無「而」。顧本無「所」。

〔一三〕〔一四〕强本無兩「以」字。

〔一五〕「明白」，治要、顧本、强本及道藏本均作「明達」。

〔一六〕危大有本無「以」字。道藏本此句作「當守之以默」五字。

〔一七〕危大有無「可」字。

〔一八〕影宋本原作「則得常在」，集注本、天禄本與危大有本均作「則德常在」，治要與强本無此四字。今從顧本與道藏本作「其德常在」。

〔一九〕影宋本原漏「式」字，據治要、顧本、强本與道藏本補。

〔二〇〕顧本「則」字下有「其」字。道藏本無「於」。

〔二一〕道藏本「不復」下多一「有」字。

〔二二〕道藏本作「則久壽長生」。

〔二三〕道藏本缺「無」字。

〔二四〕〔二七〕「污濁」，强本、顧本與道藏本均作「汙濁」。

〔二五〕影宋本原缺「人能自」三字，顧本缺「能自」二字。今據强本補。

〔二六〕影宋本原漏「復」字，據强本與顧本補。

〔二八〕治要與强本無「入」字。

〔二九〕影宋本原作「德乃止於己」，今從强本補「則」字與「常」字。

〔三〇〕顧本與强本「復當」並作「當復」。

〔三一〕强本無「復」。

〔三二〕影宋本原無「器用也」三字，據顧本補。

〔三三〕道藏本無「流」。

〔三四〕「升用」，道藏本作「并用」，顧本作「昇用」，强本作「外用」。

〔三五〕强本「傷割」作「割傷」。

〔三六〕影宋本「大道」原作「天道」，據顧本、强本、道藏本與集注本改正。又影宋本原漏「御」字，據道藏本補。

〔三七〕强本「不害」作「不傷」。道藏本「害」字下有「於」字。

無爲第二十九

將欲取天下，

欲爲天下主也。

而爲之，

欲以有爲治民。

吾見其不得已。

我見其不得天道人心已明矣。天道惡煩濁，人心惡多欲。

天下神器，不可爲也。

器，物也。人乃天下之神物也。神物好安靜，不可以有爲治〔一〕。

爲者敗之，

以有爲治之，則敗其質朴〔二〕。

執者失之。

强執教之〔三〕，則失其情實〔四〕，生於詐僞也〔五〕。

故物或行或隨，

上所行〔六〕，下必隨之也。

或呴或吹〔七〕，

呴〔八〕，温也。吹，寒也。有所温必有所寒也。

或强或羸，

有所强大，必有所羸弱也。

或載或隳〔九〕。

載，安也。隳，危也。有所安必有所危。明人君不可以有爲治國與治身也〔一〇〕。

是以聖人去甚、去奢、去泰〔一一〕。

甚謂貪淫聲色，奢謂服飾飲食〔一二〕，泰謂宫室臺榭〔一三〕。去此三者，處中和，行無爲，則天下自化〔一四〕。

校勘記

〔一〕顧本「有爲治」作「有爲而治之也」。

〔二〕影宋本「質朴」原誤作「質性」，據范應元本、顧本與强本改正。

〔三〕影宋本「之」字下多一「人」字，據上文「以有爲治之」，此處不當有「人」，今從治要、顧本、强本與范應元本删去。

〔四〕道藏本無「其」。「憒」字影宋本原誤作「僨」，道藏本作「精」，今據治要、顧本、强本、集注本、天禄本及范應元本改正。

〔五〕强本「於」作「爲」。

〔六〕道藏本「行」字下有「之」字。

〔七〕强本「呴」作「嘘」，天禄本與范應元本均作「吻」。釋文謂河上作「呴」。

〔八〕强本、顧本並作「嘘」，集注本作「歔」。

〔九〕成玄英曰：「河上本或載作或接。」釋文云：「河上作載。」

〔一〇〕道藏本無「與」。

〔一一〕影宋本「泰」原作「泰」，據治要、道藏本與天禄本改。

〔一二〕顧本「服飾」作「車服」。

〔一三〕影宋本「泰」字原作「泰」，顧本、强本、治要、道藏本、集注本、天禄本、取善集均作「泰」，今據改。

〔一四〕强本句末有「之也」，取善集有「矣」。

儉武第三十

以道佐人主者〔一〕，

謂人主能以道自輔佐也〔二〕。

不以兵强天下〔三〕，

以道自佐之主〔四〕，不以兵革，順天任德，敵人自服。

其事好還，

其舉事好還自責，不怨於人也。

師之所處，荆棘生焉。

農事廢〔五〕，田不修〔六〕。

大軍之後，必有凶年〔七〕。

天應之以惡氣〔八〕，即害五穀〔九〕，五穀盡〔則〕傷人也〔一〇〕。

善者果而已〔一一〕，

善〔用〕兵者〔一二〕，當果敢而已，不美之〔一三〕。

不敢以取强。

不以〔一四〕果敢取强大之名也。

果而勿矜，

當果敢謙卑，勿自矜大也。

果而勿伐，

當果敢推讓，勿自伐取其美也〔一五〕。

果而勿驕，

驕，欺也。果敢〔一六〕，勿以驕欺人〔一七〕。

果而不得已，

當果敢至誠，不當〔偪〕迫不得已也〔一八〕。

果而勿强〔一九〕。

果敢，勿以爲强兵堅甲以侵淩人也〔二〇〕。

物壯則老，

草木壯極則枯落，人壯極則衰老也。言强者不可以久〔二一〕。

是謂不道，

枯老者坐不行道也。

不道早已。

不行道者早死〔二二〕。

校勘記

〔一〕治要無「者」。俞樾云：河上公注曰「謂人主能以道自輔佐也」，則河上本「佐」字應爲「作」。若曰「以道佐人主」，則是人臣以道輔佐其主，何言人主以道自輔佐乎？因「作」、「佐」二字相似，又涉注文「輔佐」字而誤耳。

〔二〕道藏本「也」字作「之矣」。

〔三〕治要、道藏本「强」字下均有「於」。

〔四〕顧本、强本「之主」並作「人主」。

〔五〕道藏本句首有「謂」字。

〔六〕强本「田」字下有「事」字。治要、道藏本「修」字並作「脩」。

〔七〕「凶年」，廣明幢作「荒年」。

〔八〕「惡氣」，道藏本作「殺氣」。

〔九〕顧本「即」作「則」。道藏本「害」作「傷」。

〔一〇〕影宋本漏「則」字，據强本與顧本補。道藏本「則」作「即」。天禄本缺「五穀」二字。

〔一一〕强本句首有「故」字。

〔一二〕影宋本原無「用」字，今據道藏本補。治要、顧本與强本「善用兵者」均作「行善者」。

〔一三〕影宋本原作「不休」，强本作「然也」，顧本作「即休止也」，均未善。今據道藏本改作「不美之」，即「不休」之義也。

〔一四〕治要與顧本「不以」並作「不敢以」。俞樾謂經文「不敢以」當作「不以」，與河上注「不以」一致。蓋俞氏未見治要與顧本注文並有「敢」字。

〔一五〕影宋本「勿」字原誤作「乃」，據强本、顧本、治要、道藏本與集注本改正。治要無「取其美」三字。

〔一六〕治要無「果敢」。

〔一七〕治要與强本無「人」字。

〔一八〕影宋本原作「不當迫」，顧本作「不得逼迫」，今據道藏本補「偪」字。

〔一九〕强本句首有「是」字。

〔二〇〕治要無「兵堅甲」三字。强本與集注本「淩」並作「陵」。

〔二一〕影宋本「久」字誤作「壯」，據强本、顧本、道藏本與集注本改正。强本「久」字上有「爲」字。

〔二二〕强本此句作「早死之也」。顧本作「不行道者早已。已，死也」。馬叙倫氏據顧本此注，謂河上本經文當作「不道早亡」。失校。

偃武第三十一

夫佳兵〔者〕〔一〕，不祥之器。

〔佳，飾也〕〔二〕。祥，善也。兵者驚精神，濁和氣，不善之器〔三〕，不當修飾之〔四〕。

物或惡之，

兵動則有所害，故萬物無有不惡之〔者〕〔五〕。

故有道者不處。

有道之人不處其國。

君子居則貴左，

貴柔弱也。

用兵則貴右。

貴剛强也。此言兵道與君子〔之〕道反〔六〕，所貴者異也〔七〕。

兵者，不祥之器，

兵革者，不善之器也。

非君子之器，

非君子所貴重〔之〕器也〔八〕。

不得已而用之。

謂遭衰逆亂禍〔九〕，欲加萬民，乃用之以自守〔一〇〕。

恬惔爲上〔一一〕。

不貪土地，〔不〕利人財寶〔一二〕。

勝而不美，

雖得勝而不以爲利美也〔一三〕。

而美之者，是樂殺人〔一四〕。

美得勝者〔一五〕，是爲喜樂殺人者也〔一六〕。

夫樂殺人者，則不可以得志於天下矣〔一七〕。

爲人君而樂殺人〔者〕〔一八〕，此不可使得志於天下矣〔一九〕。爲人主必專制人命〔二〇〕，妄行刑誅〔二一〕。

吉事尚左〔二二〕，

左，生位也〔二三〕。

凶事尚右〔二四〕。

陰道殺人〔二五〕。

偏將軍居左〔二六〕，

偏將軍卑而居陽位〔二七〕，以其不專殺也〔二八〕。

上將軍居右〔二九〕，

上將軍尊而居陰位〔三〇〕，以〔三一〕其〔專〕主殺也〔三二〕。

言以喪禮處之。

上將軍居右〔三三〕，喪禮尚右〔三四〕，死人貴陰也。

殺人衆多〔三五〕，以悲哀泣之。

傷己德薄，不能以道化人而害無辜之民〔三六〕。

戰勝，以喪禮處之〔三七〕。

古者戰勝，將軍居喪主禮之位〔三八〕，素服而哭之，明君子貴德而賤兵，不得已〔而〕誅不祥〔三九〕，心不樂之〔四〇〕，比於喪也。知後世用兵不已，故悲痛之〔四一〕。

校勘記

〔一〕影宋本原缺「者」，據强本與道藏本補。

〔二〕影宋本原無「佳飾也」三字，據釋文補。

〔三〕影宋本原作「不善人之器也」，今據顧本删「人」字。後文「兵革者，不善之器也」，亦無「人」字。

〔四〕顧本、强本與道藏本均無「之」。

〔五〕影宋本原無「者」，據顧本與强本補。

〔六〕影宋本原缺「之」字，據道藏本補。

〔七〕道藏本無「者異」二字。

〔八〕影宋本原缺「之」，據顧本與道藏本補。

〔九〕「逆亂禍」，道藏本作「逢禍亂」，顧本與集注本作「逢亂禍」，治要作「逢亂」，當以治要最善，今仍從影宋本。

〔一〇〕道藏本無「以」。

〔一一〕廣明幢與道藏本「恬惔」並作「恬淡」，强本作「澹」。釋文云：「恬澹，河上作恢。」案「恢」當爲「惔」字之誤，「惔」乃「淡」之借字。

〔一二〕影宋本原作「利人財寶」，顧本作「不利民財寶」，强本作「利人則寶」，今據顧本補「不」字。又影宋本此句下有「惔，一本作然」五字，爲它本所無，蓋後人增益，非河上原注，今删去。

〔一三〕「而不以爲利美也」，治要與强本作「不以爲利美」，道藏本作「不以爲美利」，顧本作「不以美爲利」，影宋本與天禄本作「而不以爲利己也」。今從集注本改「己」爲「美」。

〔一四〕廣明幢「殺人」作「煞人」。

〔一五〕道藏本「美」作「善」，集注本作「是」。

〔一六〕顧本與道藏本此句並作「是謂喜樂殺人」。

〔一七〕顧本此句作「不可得志於天下」，道藏本無「矣」。

〔一八〕影宋本缺「者」，據强本補。顧本無「而」。

〔一九〕集注本無「使」字。影宋本句末有「矣」字。據强本補。

〔二〇〕道藏本「人命」作「人性命」。

〔二一〕道藏本作「妄行誅戮也」，顧本作「不可妄行刑罰」，强本作「不妄行刑誅也」。

〔二二〕道藏本句首有「故」字。治要「尚」作「上」。

〔二三〕取善集此句作「左陽主生」。顧本「生」字上有「主」字，强本有「吉」字。

〔二四〕治要「尚」作「上」。

〔二五〕取善集此句作「右陰主殺」，道藏本與顧本作「陰道主殺」，治要與集注本並作「陰道殺也」。

〔二六〕〔二九〕治要、强本與道藏本兩「居」字均作「處」。

〔二七〕影宋本「陽位」原作「陽者」，顧本作「陽位者」，今從道藏本與取善集作「陽位」，與下文「陰位」相對。

〔二八〕顧本「殺」字下有「故」字。

〔三〇〕顧本無「而」字，强本「而」作「故」。「陰位」，影宋本原作「右者」，道藏本作「右位」，强本僅作「右」字。今從取善集作「陰位」，與上文「陽位」相對應。

〔三一〕影宋本「以」原誤作「言」，强本無「言」，今據治要、顧本、道藏本、取善集改作「以」。

〔三二〕影宋本原無「專」字，據前文「不專殺也」，此處亦當有「專」，今從取善集補。道藏本句末「也」作「矣」。
〔三三〕影宋本「居右」原作「於右」，據顧本與道藏本改正。
〔三四〕道藏本「喪禮」之上另有「喪禮」二字。
〔三五〕影宋本原作「殺人之衆」，道藏本作「殺人之衆多」，今從治要改作「殺人衆多」。
〔三六〕道藏本「化人」作「化民」。顧本「之民」作「之人」。
〔三七〕治要「以」字上有「則」。
〔三八〕治要無「禮」字。
〔三九〕影宋本漏「而」字，據顧本、道藏本與取善集補。
〔四〇〕强本作「不樂之心」。
〔四一〕道藏本此句作「故悲而痛之矣」。

聖德第三十二

道常無名，

道能陰能陽〔一〕，能弛能張〔二〕，能存能亡〔三〕，故無常名也。

朴雖小，天下不敢臣〔四〕。

道朴雖小，微妙無形，天下不敢有臣使道者也。

侯王若能守之，萬物將自賓。

侯王若能守道無爲〔五〕，萬物將自賓服，從於德也〔六〕。

天地相合，以降甘露，

侯王動作能與天相應合〔七〕，天即〔降〕下甘露善瑞也〔八〕。

民莫之令而自均〔九〕。

天降〔甘露〕善瑞〔一〇〕，則萬物莫有教令之者，皆自均調若一也〔一一〕。

始制有名。

始，道也。有名，萬物也。道無名，能制於有名；無形，能制於有形也。

名亦既有，

既，盡也。有名之物，盡有情欲，叛道離德，故身毀辱也〔一二〕。

天亦將知之。

人能法道行德〔一三〕，天亦將自知之〔一四〕。

知之，所以不殆。

天知之〔一五〕，則神靈祐助〔一六〕，不復危殆。

譬道之在天下，猶川谷之與江海。

譬言道之在天下〔一七〕，與人相應和，如川谷與江海相流通也〔一八〕。

校勘記

〔一〕强本「道」作「大道」。

〔二〕影宋本「弛」原作「施」，據顧本、道藏本與集注本改。

〔三〕强本此句上有「能大能小」四字。

〔四〕釋文云：「天下莫能臣也，河上本作天下不敢。」

〔五〕道藏本無「道無爲」三字。

〔六〕顧本與道藏本「德也」作「德化」。

〔七〕「天相應合」，道藏本作「天地相合」，顧本作「天地更相應合」。

〔八〕「天即降下」，影宋本原作「天即下」三字，道藏本作「則天降」，顧本作「則天降下」。今據道藏本與顧本補「降」字。

〔九〕廣明幢句末有「焉」字。

〔一〇〕影宋本缺「甘露」二字，從道藏本補。

〔一一〕道藏本此句作「而皆自均調如一」。

〔一二〕强本此句作「故身致毁辱」。

〔一三〕影宋本「法道」誤作「去道」，據顧本、道藏本、集注本改正。

〔一四〕顧本此句作「天亦將知自止」。

〔一五〕顧本作「夫知止」。案據顧本注文，疑河上一本經文作「天亦將知止，知止，所以不殆」。

〔一六〕道藏本「神靈」作「神明」。

〔一七〕影宋本「譬言」誤作「言言」，據顧本與集注本改正。道藏本此處作「譬道在天下」五字。

〔一八〕「相流通也」，道藏本作「之相流通」，顧本作「流行相通」。

辯德第三十三

知人者智，

能知人好惡，是爲智〔一〕。

自知者明。

人能自知賢〔與〕不肖〔二〕，是爲反聽無聲〔三〕，内視無形，故爲明也。

勝人者有力，

能勝人者，不過以威力也〔四〕。

自勝者强。

人能自勝己情欲〔五〕，則天下無有能與己爭者〔六〕，故爲强也〔七〕。

知足者富。

人能知足〔八〕，則長保福禄〔九〕，故爲富也〔一〇〕。

强行者有志〔一一〕。

人能强力行善，則爲有意於道〔一二〕，道亦有意於人〔一三〕。

不失其所者久。

人能自節養，不失其所受〔一四〕天之精氣，則可以〔長〕久〔一五〕。

死而不亡者壽〔一六〕。

目不妄視，耳不妄聽，口不妄言〔一七〕，則無怨惡於天下〔一八〕，故長壽〔一九〕。

校勘記

〔一〕顧本、强本、治要與道藏本均無「爲」字。范應元本作「是智人也」。

〔二〕影宋本漏「與」字，據强本、顧本、道藏本、取善集與范應元本補。范應元本無句首「人能」二字。

〔三〕顧本、道藏本、取善集與范應元本「爲」字均作「謂」。范應元本無「是」字。

〔四〕道藏本「以」作「有」。

〔五〕道藏本作「人能自勝，除去情欲」。

〔六〕道藏本無「己」字。

〔七〕道藏本無「爲」字。

〔八〕影宋本原作「人能知足之爲足」，今據治要、意林與道藏本删去「之爲足」三字。意林無「人能」二字。

〔九〕治要無「長」字。意林「福禄」作「禄位」。

〔一〇〕意林無「爲」。

〔一一〕治要「有」字上有「則」字。

〔一二〕〔一三〕顧本與道藏本兩「有意」並作「有志」。

〔一四〕强本、顧本、道藏本與集注本「受」並作「愛」。

〔一五〕影宋本原無「長」字，據顧本、强本與取善集補。取善集無「以」字。

〔一六〕「亡」字意林與治要並作「妄」。易順鼎云：「『死而不妄』謂得正而斃者也。河上公注云『目不妄視、耳不妄聽、口不妄言，則無怨惡於天下，故長壽』，是亦讀『亡』爲『妄』矣。」案易説是，古「亡」、「妄」通用。

〔一七〕治要「言」作「語」。

〔一八〕意林無「惡」字。

〔一九〕意林與顧本作「故能長壽也。」道藏本作「故得長壽也」。

任成第三十四

大道氾兮〔一〕，

言道氾氾〔二〕，若浮若沉〔三〕，若有若無，視之不見〔四〕，説之難殊。

其可左右。

道可左〔可〕右〔五〕，无所不宜。

萬物恃之而生，

恃，待也。萬物皆待道而生〔六〕。

而不辭。

道不辭謝而逆止也〔七〕。

功成〔而〕不名有〔八〕。

有道不名其有功也。

愛養萬物而不爲主。

道雖愛養萬物，不如人主〔九〕有所收取〔一〇〕。

常無欲，可名於小〔一一〕。

道匿德藏名〔一二〕，怕然無爲〔一三〕，似若微小也。

萬物歸焉而不爲主，

萬物皆歸道受氣，道非如人主有所禁止也。

可名爲大〔一四〕。

萬物横來横去，使名自在〔一五〕，故可名於大也〔一六〕。

是以聖人終不爲大，

聖人法道，匿德藏名，不爲滿大。

故能成其大。

聖人以身帥導〔一七〕，不言而化，萬事修治〔一八〕，故能成其大〔一九〕。

校勘記

〔一〕道藏本「氾」作「汎」。馬叙倫曰：河上注曰：「言道汎汎，若浮若沉」，是河上作「汎」，並重「汎」字。氾汎二字古通。

〔二〕「氾氾」，顧本、道藏本、集注本均作「汎汎」。

〔三〕顧本與道藏本並作「若沉若浮」。

〔四〕道藏本「見」作「有」。

〔五〕影宋本原作「可左右」，據顧本與道藏本增一「可」字。

〔六〕影宋本「待道」原作「恃道」，據上文「恃待也」，此處作「待」字於義爲長，今從顧本與道藏本改。

〔七〕道藏本無「逆」。

〔八〕影宋本漏「而」字，據廣明幢與道藏本補。

〔九〕取善集「不如」作「非如」，「人主」作「人君」。

〔一〇〕「收取」，影宋本誤作「放取」，據顧本、道藏本、集注本與取善集改正。

〔一一〕〔一四〕道藏本兩句末並有「矣」字。

〔一二〕道藏本「匿德」作「匿跡」。

〔一三〕道藏本「怕然」作「泊然」。

〔一五〕「使名」，集注本作「使各」，顧本與道藏本作「各使」。

〔一六〕影宋本此句原誤作「故不若於大也」，顧本作「可名於大」。今從道藏本改作「故可名於大也」。

〔一七〕「帥導」，影宋本原作「師導」，顧本作「師道」，道藏本作「率道」。今從集注本改。

〔一八〕顧本「事」作「物」。

〔一九〕顧本無「能」。

仁德第三十五

執大象，天下往。

執，守也。象，道也。聖人守大道，則天下萬民移心歸往之也〔一〕。治身則天降神明〔二〕，往來於己也。

往而不害，安平太〔三〕。

萬民歸往而不傷害〔四〕，則國安家寧而致太平矣〔五〕。治身不害神明，則身安而大壽也〔六〕。

樂與餌，過客止。

餌，美也。過客，一也。人能樂美於道，則一留止也〔七〕。一者去盈而處虛，〔八〕，忽忽如過客〔九〕。

道之出口，淡乎其無味。

道出入於口〔一〇〕，淡淡〔一一〕，非如五味有酸鹹苦甘辛也〔一二〕。

視之不足見，

足，得也〔一三〕。道無形，非若五色有青黄赤白黑可得見也〔一四〕。

聽之不足聞，

道非若五音有宫商角徵羽可得聽聞也〔一五〕。

用之不可既。

〔既，盡也〕〔一六〕。〔謂〕用道治國〔一七〕，則國富民昌〔一八〕，治身則壽命延長，無有既盡〔之〕時也〔一九〕。

校勘記

〔一〕顧本與道藏本無「之」。

〔二〕「天降神明」，集注本作「大率所明」。

〔三〕道藏本「太」作「泰」。

〔四〕「萬民」，影宋本誤作「萬物」，據强本改。

〔五〕「國安家寧」，道藏本與顧本均作「國家安寧」。又顧本、强本均無「致」字。

〔六〕强本與道藏本「身」下並有「體」字。

〔七〕道藏本「留」字作「居」。

〔八〕道藏本無「處」字。

〔九〕「忽忽」，道藏本作「忽處」。

〔一〇〕道藏本「出」字上有「止」字。

〔一一〕「淡淡」，强本作「澹澹」，顧本作「淡泊」，道藏本作「淡然」。

〔一二〕顧本、强本「鹹」字並作「醎」。又顧、强二本及道藏本「苦甘」皆作「甘苦」。

〔一三〕影宋本「得」字誤作「德」，據顧本、强本、道藏本、集注本改。

〔一四〕「五色有」，强本作「有五色」，顧本作「五色之有」。「青黄赤白黑」，强本作「青赤白黑黄」。集注本「見也」作「而見」。

〔一五〕「聽聞」，道藏本作「而聞」。

〔一六〕影宋本無「既盡也」三字，據道藏本補。

〔一七〕影宋本無「謂」字，據道藏本補。

〔一八〕「國富」，影宋本作「國安」，據强本、顧本及道藏本改。

〔一九〕影宋本無「之」字，據顧本、道藏本補。

微明第三十六

將欲噏之〔一〕，必固張之；

先開張之者〔二〕，欲極其奢淫〔三〕。

將欲弱之〔四〕，必固强之；

先强大之者〔五〕，欲使遇禍患〔六〕。

將欲廢之，必固興之；

先興之者〔七〕，欲使其驕危〔八〕。

將欲奪之，必固與之，

先與之者，欲極其貪心〔九〕。

是謂微明。

此四事〔一〇〕，其道微，其效明也。

柔弱勝剛强。

柔弱者久長，剛强者先亡也〔一一〕。

魚不可脱於淵〔一二〕。

魚脱於淵，謂去剛得柔〔一三〕，不可復制也〔一四〕。

國之利器，不可以示人。

利器〔者，謂〕權道也〔一五〕。治國權者不可以示執事之臣也，治身道者不可以示非其人也。

校勘記

〔一〕强本「噏」作「歙」，道藏本作「翕」。釋文云：「河上本作『噏』。」

〔二〕道藏本與意林無「者」字。

〔三〕意林「欲」下有「令」字。

〔四〕影宋本「將欲」作「將使」，據强本、意林與道藏本改。

〔五〕道藏本與意林無「者」字。

〔六〕「遇禍患」，意林作「遇害」，顧本作「遇禍害」，强本作「遇禍也」，道藏本誤作「過禍害」。

〔七〕意林無「者」。

〔八〕「驕危」，顧本與道藏本作「驕奢至危」。意林無「欲」、「其」二字。

〔九〕强本「欲」字下有「使」字。

〔一〇〕强本作「此四者」，顧本作「此四事者」。

〔一一〕集注本「先」作「必」，顧本作「生」。

〔一二〕道藏本無「脱」。

〔一三〕影宋本「謂」原作「爲」，據道藏本改。

〔一四〕集注本「制」作「與」。

〔一五〕影宋本無「者謂」二字，據顧本、强本與道藏本補。

爲政第三十七

道常無爲，而無不爲。

道以無爲爲常也〔一〕。

侯王若能守〔之〕〔二〕，萬物將自化。

言侯王若能守道〔三〕，萬物將自化效於己也。

化而欲作，吾將鎮之以無名之朴。

吾，身也。無名之朴，道〔德〕也〔四〕。萬物已化效於己〔五〕，復欲作巧僞者〔六〕，侯王當身鎮撫以道德也〔七〕。

無名之朴，亦將不欲〔八〕，不欲以靜，

言侯王鎮撫以道德〔九〕，民亦將不欲〔一〇〕，故當以清靜導化之也〔一一〕。

天下將自定〔一二〕。

能如是者，天下將自正定也〔一三〕。

校勘記

〔一〕集注本作「道以物爲惡常也」。

〔二〕影宋本原無「之」，據治要與道藏本補。「若」字治要作「而」。

〔三〕强本、顧本、治要與道藏本「若」字均作「而」。

〔四〕「道德也」，影宋本原作「道也」，强本作「謂道也」，其餘各本均無「德」字。案日本瀧川舊鈔本河上公章句此句作「无名之朴，道㥁（德）也」，與後文「鎮撫之以道德也」相應。今據補「德」字。

〔五〕影宋本「已化」原作「以化」，今據强本與瀧川本改「以」爲「已」。强本無「效於已」三字。

〔六〕强本「復欲」作「而後欲」。

〔七〕影宋本此句原作「侯王當身鎮撫以道德」，顧本作「侯王當以身鎮撫之以道德也」，强本與道藏本此句作「王侯當鎮撫以道德」。

〔八〕釋文云：「吾將鎮之以無名之朴，夫亦將無欲，河上本作『吾將鎮之』。河上者，非老子所作也。」易順鼎據釋文，以爲今本重複「無名之朴」四字乃涉上文而衍。

〔九〕强本與道藏本「侯王」作「王侯」。

〔一〇〕强本「民」字上有「於」字，道藏本有「化」字。

〔一一〕「故」字影宋本誤作「改」，據顧本、强本與道藏本改。又「導化之也」，道藏本作「道化」，强本作「道化之者也」。

〔二〕道藏本與强本「定」作「正」。馬叙倫曰：「論河上注曰：『能如是者，天下將自正定也。』是河上本作『正』。」朱謙之曰：「正、定義通，定從正聲，形亦近同。勞健引説文，古文正作𣥫，夏竦古文韻，定字引漢簡作𣥫。」

〔三〕顧本與强本「定」字上有「安」字。

老子德經河上公章句卷三〔一〕

論德第三十八

上德不德，

上德謂太古無名號之君，德大無上〔二〕，故言上德也。不德者，言其不以德教民〔三〕，因循自然，養人性命，其德不見，故言不德也。

是以有德；

言其德合於天地，和氣流行〔四〕，民德以全也。〔五〕

下德不失德，

下德謂號謚之君〔六〕，德不及上德，故言下德也。不失德者，其德可見，其功可稱也。

是以無德。

以有名號及其身，故〔無德也〕〔七〕。

上德無爲，

謂法道安静〔八〕，無所施爲也〔九〕。

而無以爲；

言無以名號爲也〔一〇〕。

下德爲之，

言爲教令，施政事也〔一一〕。

而有以爲。

言以爲己取名號也〔一二〕。

上仁爲之，

上仁謂行仁之君〔一三〕，其仁無上〔一四〕，故言上仁也。爲之者，爲仁恩也。

而無以爲；

功成事立〔一五〕，無以執爲。

上義爲之，

爲義以斷割也〔一六〕。

而有以爲。

動作以爲己，殺人以成威〔一七〕，賊下以自奉也〔一八〕。

上禮爲之，

謂上禮之君，其禮無上，故言上禮〔一九〕。爲之者，言爲禮制度，序威儀也。

而莫之應，

言禮華盛實衰〔二〇〕，飾僞煩多〔二一〕，動則離道〔二二〕，不可應也〔二三〕。

則攘臂而仍之。

言〔禮〕煩多不可應〔二四〕，上下忿争〔二五〕，故攘臂相仍引〔二六〕。

故失道而後德，

言道衰而德化生也〔二七〕。

失德而後仁，

言德衰而仁愛見也〔二八〕。

失仁而後義，

言仁衰而分義明也〔二九〕。

失義而後禮。

言義衰則施禮聘〔三〇〕、行玉帛也。

夫禮者，忠信之薄，

言禮廢本治末〔三一〕，忠信日以衰薄〔三二〕。

而亂之首。

禮者賤質而貴文〔三三〕，故正直日以少〔三四〕，邪亂日以生〔三五〕。

前識者，道之華。

不知而言知爲前識〔三六〕。此人失道之實，得道之華。

而愚之始。

言前識之人〔三七〕，愚暗之倡始也〔三八〕。

是以大丈夫處其厚，

大丈夫謂得道之君也〔三九〕。處其厚者，〔謂〕處身於敦朴〔四〇〕。

不處其薄〔四一〕；

不處身違道，爲世煩亂也。

處其實〔四二〕，

處忠信也。

不處其華〔四三〕，

不尚〔華〕言也〔四四〕。

故去彼取此。

去彼華薄，取此厚實〔四五〕。

校勘記

〔一〕S四六八一此句作「老子德經下卷上河上公章句」，下有注語云：「凡四十五章。德經法地，地在下，故德經爲下。地有五行，五九册五，〔故册五章〕，事盡爲章，義連爲句」。

〔二〕「無上」，治要、顧本與S四六八一並作「無名」，强本作「强名」。

〔三〕道藏本無「其」。S四六八一「民」字作「人」。

〔四〕道藏本「流行」作「游衍」。

〔五〕「民德」影宋本原作「民得」，據范應元本與S四六八一卷改。

〔六〕「號謚」，S四六八一作「謚號」，范應元本作「號論」，顧本「號」字上多一「有」字。

〔七〕影宋本及各本均作「以有名號及其身故」，於文義未足，唯顧本「故」字下有「無德也」三字，較它本意長，今據補。

〔八〕顧本、道藏本、S四六八一「謂」字均作「言」。又强本「以」字上有「蓋」字。

〔九〕影宋本「施爲」誤作「改爲」，集注本作「故爲」，今從顧本與强本改正。

〔一〇〕顧本「言」字作「故」。集注本此句作「言無名號」。

〔一一〕P二六三九無「施」字。

〔一二〕顧本「言」作「皆」。

〔一三〕顧本「謂」作「爲」。集注本「上仁」上誤作「上德」。取善集此句作「兼濟無偏」四字。

〔一四〕「無上」影宋本誤作「爲上」，據顧本、强本、道藏本、集注本、取善集與S四六八一改正。

〔一五〕取善集此句作「功成不居，事遂不宰」。

〔一六〕道藏本「割」作「害」。

〔一七〕道藏本「殺人」作「救人」，P二六三九作「煞人」。「成威」道藏本作「爲威」。

〔一八〕「賊下」，影宋本及各本多作「賦下」，其義難解，今從集注本及P二六三九改正。

〔一九〕顧本、强本與S四六八一均無「故言上禮」四字。

〔二〇〕强本「禮」下有「者」字。

〔二一〕道藏本「飾」作「盛」。

〔二二〕强本「則」作「即」。

〔二三〕顧本與道藏本「不可」下有「得」字。

〔二四〕影宋本缺「禮」字，據顧本補。

〔二五〕顧本句首有「則」字。道藏本「忿」字作「怨」。

〔二六〕范應元本無「引」字。顧本「引」字下有「之也」二字。

〔二七〕意林此句作「道衰德生」四字。强本無「而」。

〔二八〕意林無句首「言」字。

〔二九〕道藏本「分義」作「義分」。P二六三九無「而」字。

〔三〇〕意林與强本無句首「言」字。意林「則」作「即」。顧本「施禮」倒作「禮施」。强本「聘」作「躬」，P二六三九作「[illegible]」。

〔三一〕意林無句首「言」字。

〔三二〕强本無「以」。意林「衰薄」作「消薄」。

〔三三〕意林無「者」字與「而」字。道藏本無「而」。

〔三四〕意林作「故正日以消」。

〔三五〕强本與天祿本、P二六三九「邪」作「耶」。

〔三六〕顧本「爲」作「是」，P二六三九作「謂」。

〔三七〕道藏本此句略作「人之」二字。

〔三八〕治要與强本「倡」作「唱」。

〔三九〕P二六三九、治要與顧本「得道」作「道德」。

〔四〇〕影宋本缺「謂」，據道藏本補。顧本「敦朴」作「淳朴」。

〔四一〕「處」字影宋本原作「居」，諦注文云：「不處身違道」，則當作「處」。今據P二六三九、治要與道藏本改正。

〔四二〕道藏本「處」作「居」。

〔四三〕影宋本「處」作「居」，據上文與治要改。

〔四四〕影宋本原缺「華」字，據强本補。顧本「華言」作「言華」。强本與治要「尚」並作「上」。

〔四五〕顧本與道藏本「厚實」二字倒作「實厚」，P二六三九作「淳厚」。

法本第三十九

昔之得一者，

昔，往也。一，無爲，道之子也〔一〕。

天得一以清，

言天得一故能垂象清明〔二〕。

地得一以寧，

〔言〕地得一故能安靜不動搖〔三〕。

神得一以靈，

言神得一故能變化無形〔四〕。

谷得一以盈，

言谷得一故能盈滿而不絶也〔五〕。

萬物得一以生，

言萬物皆須道以生成也〔六〕。

侯王得一以爲天下正〔七〕。

言侯王得一故能爲天下平正〔八〕。

其致之，

致〔九〕，誠也〔一〇〕。謂下六事也〔一一〕。

天無以清將恐裂，

言天當有陰陽弛張〔一二〕，晝夜更用〔一三〕，不可但欲清明無已時〔一四〕，將恐分裂不爲天。〔一五〕

地無以寧將恐發，

言地當有高下剛柔，節氣五行〔一六〕，不可但欲安靜無已時，將恐發泄不爲地〔一七〕。

神無以靈將恐歇，

言神當有王相囚死休廢〔一八〕，不可但欲靈〔變〕無已時〔一九〕，將恐虚歇不爲神〔二〇〕。

谷無盈將恐竭，

言谷當有盈縮虚實，不可但欲盈滿無已時，將恐枯竭不爲谷。

萬物無以生將恐滅，

言萬物當隨時生死〔二一〕，不可但欲〔長〕生無已時〔二二〕，將恐滅亡不爲物。

侯王無以貴高將恐蹷。

言侯王當屈己以下人〔二三〕，汲汲求賢，不可但欲〔貴〕高〔二四〕於人〔無已時〕〔二五〕，將恐顛蹷失其位〔二六〕。

故貴〔必〕以賤爲本〔二七〕，

言必欲尊貴〔二八〕，當以薄賤爲本〔二九〕。若禹稷躬稼〔三〇〕，舜陶河濱，周公下白屋也〔三一〕。

高必以下爲基〔三二〕。

言必欲尊貴〔三三〕，當以下爲本基〔三四〕。猶築牆造功〔三五〕，因卑成高，下不堅固，後必傾危〔三六〕。

是以侯王自稱孤寡不轂〔三七〕，

孤寡喻孤獨〔三八〕。不轂喻不能如車轂爲衆輻所湊。

此非以賤爲本耶〔三九〕？

言侯王至尊貴〔四〇〕，能以孤寡自稱，此非以賤爲本乎〔四一〕？以曉人〔四二〕。

非乎〔四三〕！

嗟歎之辭〔四四〕。

故致數車無車，

致，就也。言人就車數之〔四五〕，爲輻、爲輪、爲轂、爲衡〔四六〕、爲轝〔四七〕，無有名爲車者〔四八〕，故成爲車。以喻侯王不以尊號自名〔四九〕，故能成其貴。

不欲琭琭如玉，落落如石〔五〇〕。

琭琭喻少，落落〔五一〕喻多。玉少故見貴〔五二〕，石多故見賤〔五三〕。言不欲如玉爲人所貴〔五四〕，如石爲人所賤〔五五〕，當處其中也〔五六〕。

校勘記

〔一〕P二六三九此句作「一元氣爲道之子」。

〔二〕P二六三九「象」字作「像」。强本自「言天得一」至「言必欲尊貴」等十二句首皆無「言」字。

〔三〕影宋本原缺句首「言」字，據顧本補。

〔四〕道藏本「無形」作「無爲」。

〔五〕「而不絕也」，道藏本作「不枯竭也」。顧本「盈滿」作「滿盈」。

〔六〕P二六三九、治要、彊本皆無「以」字。

〔七〕「以爲天下正」，影宋本原作「以天下爲正」，治要作「以爲天下貞」，今從P二六三九、道藏本改。

〔八〕P二六三九「平正」作「正平」。

〔九〕顧本「致」字上有「言」字。

〔一〇〕彊本「誡」字誤作「試」，P二六三九、道藏本並作「戒」。

〔一一〕「六事」，影宋本誤作「五事」，據顧本與彊本改。道藏本「謂」字作「故」。

〔一二〕「弛張」，影宋本誤作「施張」，據顧本改，治要無此二字。又道藏本「有」字作「以」。

〔一三〕「晝夜更用」，P二六三九、顧本作「晝夜更用事」，彊本作「晝夜更相用事」。治要無「更用」二字。

〔一四〕道藏本「清明」作「安静」。

〔一五〕道藏本無句首「將」字，「分裂」誤作「發裂」。

〔一六〕影宋本「節氣」誤作「氣節」，據顧本改正。治要無「節氣五行」四字。

〔一七〕道藏本無句首「將」字。P二六三九「發泄」作「發洩」。

〔一八〕道藏本「因死」作「死因」，治要無此二字。

〔一九〕影宋本漏「變」字，P二六三九漏「靈」字，據顧本補。

〔二〇〕顧本無句首「將」字。P二六三九、道藏本「虚」字作「靈」。

〔二一〕P二六三九無句首「言」字。顧本「萬物」下有「生長收藏」四字。强本「隨時」作「隨四時」。又P二六三九、治要、顧本、强本「生死」皆作「死生」。

〔二二〕影宋本原無「長」字，據顧本補。治要「長生」作「常生」。又P二六三九、强本此句並作「不可常生」四字。

〔二三〕治要、顧本、强本均無「以」字。道藏本「人」字上有「於」字。

〔二四〕影宋本原缺「貴」字，據P二六三九、S三九二六、治要、道藏本及集注本補。又顧本、强本「貴高」作「高貴」。

〔二五〕影宋本漏「無已時」三字，據S三九二六與强本補。

〔二六〕P二六三九「將恐」作「將欲」，道藏本無「恐」字。

〔二七〕影宋本漏「必」字，據P二六三九、S三九二六、治要、意林及道藏本補。又意林無句首「故」字。

〔二八〕意林無「必」字。道藏本「尊貴」作「貴貴」。顧本句末有「者」字。

〔二九〕「薄賤」，意林作「賤薄」。

〔三〇〕意林無句首「若」字。又「躬稼」，P二六三九、意林及顧本均作「躬耕」。

〔三一〕意林「屋」字下有「是」字。

〔三二〕强本無「必」字。

〔三三〕强本「尊貴」作「尊高」，P二六三九作「高貴」。又意林此句作「言欲高立」。

〔三四〕治要無句末「基」字。意林此句作「先以下爲基」。

〔三五〕P二六三九、强本、集注本句首「猶」字均作「由」，意林作「如」。

〔三六〕意林「後」字作「高」。P二六三九「傾危」作「危傾」。

〔三七〕「自稱」，影宋本原作「自謂」，道藏本作「自謂曰」，P二六三九、S三九二六並作「自曰」，唯治要與强本作「自稱」。論河上註云：「言侯王至尊貴，能以孤寡自稱」，則此經文亦當作「自稱」。又「寡」字S三九二六作「寘」，注文同此。又「轂」字道藏本、强本並作「穀」，注文同此。

〔三八〕顧本此句作「言孤寡者，喻孤獨也」。

〔三九〕P二六三九、治要此句作「此其以賤爲本」，强本、道藏本作「此其以賤爲本耶」，S三九二六作「此非以賤爲本」。范應元本作「此非以賤爲本邪」。

〔四〇〕P二六三九、治要、顧本、强本均無句首「言」字。P二六三九「貴」字上有「至」字。

〔四一〕道藏本此句作「言以賤爲本」。

〔四二〕强本、道藏本此句作「以曉於人也」，顧本作「以曉示於人也」，治要無此句。

〔四三〕P二六三九、S三九二六「非」字並作「悲」。

〔四四〕强本、道藏本、集注本、天禄本「辥」字均作「辭」，S三九二六作「辤」。又顧本此句作「言非乎者，蓋是嗟嘆假問之辭云耳」。

〔四五〕顧本、强本無「言」字。又P二六三九「致就也言人就車數之」九字略作「致就車數之」五字。

〔四六〕道藏本無「爲衡」。

〔四七〕「爲轝」，强本作「爲輿」，集注本作「爲曰尊」，顧本作「爲轅爲軸」。

〔四八〕道藏本「名」字下無「爲」字。

〔四九〕道藏本「侯王」作「王侯」。强本「自名」作「爲名」。

〔五〇〕〔五一〕S三九二六「落落」作「硌硌」。

〔五二〕〔五三〕道藏本無兩「見」字。

〔五四〕S三九二六無句首「言」字。道藏本「言」字下有「人」字。P二六三九此句作「言不欲如人所貴」。

〔五五〕P二六三九此句作「不欲如石爲人所賤」。

〔五六〕取善集句末「也」字作「爾」。

去用第四十

反者道之動，

反，本也〔一〕。本者道〔之〕所以動〔二〕，動生萬物〔三〕，背之則亡。

弱者道之用。

柔弱者道之所常用，故能長久〔四〕。

天下萬物生於有，

〔天下〕萬物皆從天地生〔五〕，天地有形位，故言生於有也。

有生於無。

天地神明，蜎飛蠕動〔六〕，皆從道生，道無形〔七〕，故言生於無也。此言本勝於華，弱勝於强，謙虛勝盈滿也〔八〕。

校勘記

〔一〕S三九二六作「反者，反本」。

〔二〕强本與S三九二六無「本者」二字。影宋本原漏「之」字，據强本、S三九二六、P二六三九、道藏本與集注本補。

〔三〕强本與S三九二六均無「動」字。P二六三九無「生」字。

〔四〕S三九二六無「故能長久」。

〔五〕影宋本缺「天下」二字，據顧本、强本、S三九二六、P二六三九補。

〔六〕取善集無「蜎飛蠕動」。

〔七〕顧本「形」下有「象」字。

〔八〕道藏本此句作「與虛勝於盈滿」。S三九二六「盈滿」倒作「滿盈」。

同異第四十一

上士聞道，勤而行之，

上士聞道，自勤苦竭力而行之〔一〕。

中士聞道，若存若亡；

中士聞道，治身以長存〔二〕，治國以太平，欣然而存之。退見財色榮譽，惑於情欲〔三〕，而復亡之也〔四〕。

下士聞道，大笑之〔五〕，

下士貪狠多欲〔六〕，見道柔弱，謂之恐懼，見道質朴，謂之鄙陋，故大笑之〔七〕。

不笑不足以爲道。

不爲下士所笑〔八〕，不足以名爲道〔九〕。

故建言有之〔一〇〕：

建，設也〔一一〕。設言以有道〔一二〕，當如下句〔一三〕。

明道若昧，

明道之人，若闇昧無所見〔一四〕。

進道若退，

進取道者，若退不及〔一五〕。

夷道若類，

夷，平也。大道之人不自別殊〔一六〕，若多比類也。

上德若谷，

上德之人若深谷〔一七〕，不恥垢濁也〔一八〕。

大白若辱，

大潔白之人若汙辱〔一九〕，不自彰顯〔二〇〕。

廣德若不足，

德行廣大之人若愚頑不足也〔二一〕。

建德若揄〔二二〕，

建設道德之人，若可揄引使空虛也〔二三〕。

質直若渝〔二四〕，

質朴之人若五色，有渝淺不明也〔二五〕。

大方無隅，

大方正之人，無委曲廉隅〔二六〕。

大器晚成，

大器之人若九鼎瑚璉〔二七〕，不可卒成也〔二八〕。

大音希聲，

大音猶雷霆〔二九〕，待時而動，喻當愛氣希言也〔三〇〕。

大象無形，

大法象之人〔三一〕質朴無形容。

道隱無名，

道潛隱，使人無能指名也〔三二〕。

夫唯道善貸且成〔三三〕。

成，就也。言道善稟貸人精氣〔三四〕，且成就之也〔三五〕。

校勘記

〔一〕顧本與强本無「自」。道藏本無「而」。P二六三九無「之」字。

〔二〕顧本「長存」作「長生」。

〔三〕影宋本「惑於」作「或於」，據顧本與道藏本改正。又顧本「欲」字作「慾」。

〔四〕道藏本「也」作「矣」。

〔五〕S三九二六「笑」字均作「咲」，後文同此，不復出校記。P二六三九「笑」作「唉」，後文同此。

〔六〕「貪狼」，影宋本原作「貪狼」，據顧本及道藏本改。顧本「欲」字作「慾」。

〔七〕强本、S三九二六「大」字下有「而」字。顧本無「之」字。道藏本「之」下有「矣」。

〔八〕意林無「所」字。

〔九〕强本無「名」字，道藏本「名」字作「多」。P二六三九、S三九二六「以名」倒作「名以」。意林此句作「不足名曰道」，顧本作「不足稱爲聖道」。

〔一〇〕P二六三九、S三九二六無「故」字。

〔一一〕「建設也」，P二六三九作「建設之道」，顧本作「建設之道也」。

〔一二〕P二六三九、顧本及强本「以」字均作「已」，S三九二六無「以」字。

〔一三〕P二六三九「當」字作「言」。顧本「下句」作「下六句」。

〔一四〕顧本、道藏本句末多「知也」二字。

〔一五〕P二六三九此句作「若退身不及者」。

〔一六〕P二六三九、强本及道藏本「別殊」作「殊別」。陳景元引河上公言：「大道之人坦蕩平夷，隨類參同，不自分別也。」

〔一七〕意林無「上德之人」四字。

〔一八〕「垢濁」，意林作「垢辱」，顧本作「濁溽」。

〔一九〕集注本「大」字作「夫」。顧本、集注本「汙辱」作「污辱」。

〔二〇〕P二六三九「彰顯」作「顯彰」。

〔二一〕「愚頑」，影宋本誤作「愚須」，據S三九二六、意林、强本與集注本改正。P二六三九、顧本及道藏本作「頑愚」。

〔二二〕〔二三〕影宋本兩「揄」字均作「偷」，S三九二六、范應元本作「揄」。俞樾曰：按河上注曰：「建設道德之人，若可偷引使空虛也。」河上公蓋讀「偷」爲「揄」。說文手部：「揄，引也。」故解爲「若可偷引」。案俞說是，今據改。又「若可」，P二六三九作「若所」。

〔二四〕影宋本「直」字作「真」，P二六三九、S三九二六並作「直」。朱謙之稱：「質真」之真爲「悳」之訛。「質悳若渝」，蓋謂質朴之人行動遲緩駑弱，有若輪愚者也。劉師培亦云：案上文言「廣德若不足，建德若偷」，此與並文，疑「真」亦作「德」，蓋德字正文作「悳」，與「真」相似也。案朱、劉二說近是。今從敦煌本改作「直」。

〔二五〕顧本無「渝」。

〔二六〕集注本「委」作「妄」。

〔二七〕意林此句作「成器之人如瑚璉」。

〔二八〕顧本此句作「不可倉卒而成也」。陳景元作「非一朝而可成，積習生常美，成在久也」。S三九二六「卒」作「卆」。

〔二九〕意林此句作「如雷電」三字。

〔三〇〕影宋本「當」字作「常」，據顧本改正。强本「氣」作「炁」。陳景元「喻」作「諭」，無「當」字。

〔三一〕意林「象」下有「道」字。

〔三二〕道藏本「使」字作「伏」。

〔三三〕〔三四〕S三九二六兩「貸」字並作「貣」。

〔三五〕P二六三九無「之」字。

道化第四十二

道生一，

道始所生者一也〔一〕。

一生二，

一生陰與陽也〔二〕。

二生三，

陰陽生和、清、濁三氣〔三〕，分爲天地人也。

三生萬物。

天地〔人〕共生萬物也〔四〕。天施地化，人長養之。

萬物負陰而抱陽，

萬物無不負陰而向陽〔五〕，迴心而就日〔六〕。

冲氣以爲和。

萬物中皆有元氣〔七〕，得以和柔，若胷中有藏〔八〕，骨中有髓，草木中有空虚與氣通〔九〕，故得久生也〔一〇〕。

人之所惡，唯孤寡不轂，而王公以爲稱〔一一〕。

孤寡不轂者〔一二〕，不祥之名〔一三〕，而王公以爲稱者〔一四〕，處謙卑，法空虚和柔〔一五〕。

故物或損之而益〔一六〕，

引之不得〔一七〕，推之必還〔一八〕。

或益之而損〔一九〕。

夫增高者〔致〕崩〔二〇〕，貪富者致患〔二一〕。

人之所教，

謂衆人所教〔二二〕，去弱爲强，去柔爲剛。

我亦教之〔二三〕。

言我教衆人，使去強爲弱〔二四〕，去剛爲柔。

強梁者，不得其死。

強梁〔者〕〔二五〕，謂不信玄妙〔二六〕，背叛道德〔二七〕，不從經教，尚勢任力也。不得其死者〔二八〕，爲天〔命〕所絶〔二九〕，兵刃所伐〔三〇〕，王法所殺，不得以壽命死也〔三一〕。

吾將以爲教父。

父，始也。老子以強梁之人爲教戒之始也〔三二〕。

校勘記

〔一〕影宋本漏「一也」，據顧本、强本、P二六三九、S三九二六、道藏本、集注本、天禄本及陳景元本補。

〔二〕顧本及陳景元本無「與」。

〔三〕影宋本「清」字原誤作「氣」，今據顧本、强本、S三九二六、P二六三九、集注本與陳景元本改正。又道藏本「和清濁」作「和氣清濁」。

〔四〕影宋本漏「人」字，據顧本、强本、P二六三九、道藏本與陳景元本增補。

〔五〕道藏本「負陰」作「背陰」。

〔六〕顧本、道藏本、集注本、取善集「迴」字均作「回」。道藏本「日」字後多「者也」二字。P二六三九此句作「回心如就日者」。

〔七〕顧本與道藏本「中」字上有「之」。

〔八〕S三九二六「曾」作「匈」，它本或作「胸」。范應元本「藏」作「臟」。

〔九〕「與氣通」，顧本與道藏本作「和氣潛通」。

〔一〇〕顧本與道藏本「久生」作「長生」。

〔一一〕S三九二六「寡」作「亶」，「穀」作「轂」，後文皆同此。道藏本「穀」作「轂」。范應元本無「王公」之「公」。

〔一二〕顧本、强本與道藏本「穀」字均作「轂」。治要無「者」字。

〔一三〕集注本「不祥」作「不神」。

〔一四〕道藏本無「者」。

〔一五〕影宋本「空虚」倒作「虚空」，據顧本、强本、治要、P二六三九、S三九二六與道藏本改。

〔一六〕意林無句首「故」字。

〔一七〕意林「引之」作「取之」。

〔一八〕「推之」，顧本、强本、P二六三九、治要、意林與S三九二六均作「推讓」。又顧本「必」作「心」。意林「還」作「遠」。

〔一九〕意林無「或」字。

〔一〇〕影宋本原缺「致」字，據顧本與道藏本補。道藏意林此句作「大增者崩」，明意林作「曾高者崩」。

〔一一〕道藏本「貪富」下有「貴」字。治要「致患」作「得患」。意林此句作「貪禄致患也」。

〔一二〕影宋本「所教」作「所以教」，今從治要、顧本、道藏本及取善集删去「以」字。又取善集無句首「謂」字。顧本句末多一「我」字。

〔一三〕治要作「我亦教人」。范應元謂河上公作「亦我教之」。P二六三九作「我亦兼教之」。

〔一四〕道藏本與取善集均無「使」字。

〔一五〕影宋本漏「者」字，據顧本、强本、道藏本、治要、S三九二六、P二六三九、集注本與取善集、范應元本補。

〔一六〕道藏本「謂」作「爲」。

〔一七〕范應元作「背道叛德」。强本與道藏本「背」作「皆」。

〔一八〕道藏本「不」字上有「云」。P二六三九無「其」字。范應元本無「者」字。

〔一九〕影宋本缺「命」字，據顧本補。强本「天命」作「天之」。道藏本「爲」作「謂」。范應元本無此句。

〔二〇〕道藏本「所伐」作「所加」。范應元本「兵」字上有「謂」。P二六三九「刃」字作「忍」。

〔二一〕治要、S三九二六、范應元本此句並作「不得以命死也」。集注本與取善集作「不得以壽命而死也」。强本與P二六三九作「不得以命終也」。顧本作「不得以壽終而死也」。各本與影宋本互有異同。

〔二二〕顧本「老子」作「老君」，「爲」字上有「以」字。治要「戒」字作「式」，P二六三九、S三九二六並作「戒」。

徧用第四十三

天下之至柔，馳騁天下之至堅。

至柔者水也，至堅〔者〕金石也〔一〕。水能貫堅入剛，無所不通。

無有入〔於〕無間〔二〕。

無有謂道也〔三〕。道無形質，故能出入無間，通神〔明濟〕群生也〔四〕。

吾是以知無爲之有益。

吾見道無爲而萬物自化成〔五〕，是以知無爲之有益於人也。

不言之教，

法道不言〔六〕，師之以身〔七〕。

無爲之益，

法道無爲，治身則有益〔於〕精神〔八〕，治國則有益〔於〕萬民〔九〕，不勞煩也〔一〇〕。

天下希及之。

天下〔一一〕，人主也。希能有及道〔一二〕無爲之治身治國也〔一三〕。

校勘記

〔一〕影宋本漏「者」字，據治要、顧本、强本、S三九二六、P二六三九、道藏本與集注本補。道藏本「堅」作「剛」。

〔二〕影宋本漏「於」字，據治要、P二六三九、S三九二六、道藏本與范應元本補。

〔三〕强本、P二六三九與S三九二六句首有「夫」字。取善集「謂」字作「者」。

〔四〕影宋本此句原誤作「通神羣生也」，S三九二六作「通養群生」，P二六三九作「通神羣生」，道藏本與取善集作「通於神明濟於群生」，今從顧本與强本改作「通神明濟群生也」。

〔五〕道藏本「道」字下有「之」。

〔六〕顧本與道藏本「法道」倒作「道法」。

〔七〕影宋本「帥」作「師」，據治要、S三九二六與集注本改正。道藏本「以」作「於」。

〔八〕〔九〕影宋本缺兩「於」字，據道藏本補。顧本與P二六三九無上「則」字，「萬民」作「萬人」。

〔一〇〕顧本「勞煩」倒作「煩勞」。

〔一一〕顧本作「天下者」。治要、P二六三九、强本與集注本作「天下謂」。

〔一二〕集注本無「有」 S三九二六無「道」字。

〔一三〕「無爲之治身治國也」，治要作「無爲之治，無爲之治，治身治國也」。强本作「無爲，無爲之治，治身治國者同也」。S三九二六作「無爲，治身治國者也」。道藏本作「之無爲，無爲之治，治身治國也」。顧本作「之無爲，治身治國也」。P二六三九作「無爲，無爲之治身治國者也」。各本互不相同。

立戒第四十四

名與身孰親？

名遂則身退也〔一〕。

身與貨孰多？

財多則害身也〔二〕。

得與亡孰病？

好得利則病於行也〔三〕。

甚愛必大費，

甚愛色〔四〕，費精神，甚愛財〔五〕，遇禍患〔六〕。所愛者少〔七〕，所費者多〔八〕，故言大費〔九〕。

多藏必厚亡。

生多藏於府庫，死多藏於丘墓。生有攻刧之憂，死有掘冢探柩之患〔一〇〕。

知足不辱，

知足之人，絶利去欲，不辱於身〔一一〕。

知止不殆，

知可止則〔止〕〔一二〕，財利不累〔於〕身〔心〕〔一三〕，聲色不亂於耳目，則〔終〕身不危殆也〔一四〕。

可以長久。

人能知止〔知〕足〔一五〕，則福禄在己〔一六〕，治身者〔一七〕神不勞，治國者〔一八〕民不擾〔一九〕，故可長久〔二〇〕。

校勘記

〔一〕强本與S三九二六「則身」作「身則」，道藏本作「身必」。

〔二〕强本「害身」作「害己身」。

〔三〕道藏本「好得利」作「好於利」，意林作「好得貨利」。S三九二六無「則」字。

〔四〕〔五〕治要、强本、S三九二六及道藏本二句之末均有「者」字。P二六三九「財」字下有「則」字。

〔六〕意林作「遇患害」。

〔七〕顧本「者」作「甚」。

〔八〕意林「亡」字作「費」。

〔九〕意林「言」下有「必」。道藏本句末有「者也」二字。

〔一〇〕意林「冢」作「塚」。治要此句作「死有掘發之患也」，道藏本作「死有發掘之患」。顧本作「死有掘塚剖棺之患」。

〔一一〕顧本「於」作「其」。

〔一二〕影宋本缺句末「止」字，據治要、顧本、强本、P二六三九、S三九二六補。道藏本「則止」作「則須止」。

〔一三〕「不累於身心」，影宋本原作「不累身」三字，强本、治要、S三九二六、P二六三九、集注本均作「不累於身」，今從顧本與道藏本作「不累於身心」，與下句「不亂於耳目」相對爲文。又道藏本「財」字上有「乃」字。

〔一四〕影宋本原缺「終」字，據顧本、强本、治要、P二六三九、S三九二六及道藏本補。

〔一五〕影宋本「知止知足」原作「知止足」，道藏本作「知於止足」，今從S三九二六增一「知」字。

〔一六〕顧本「在己」作「常在於己」，道藏本作「在於己」。

〔一七〕〔一八〕顧本兩「者」字並作「則」。

〔一九〕治要「民」作「人」。

〔二〇〕道藏本「可」作「能」。

洪德第四十五

大成若缺〔一〕，

〔大成者〕〔二〕，謂道德大成之君也。若缺者〔三〕，滅名藏譽，如毁缺不備也〔四〕。

其用不弊〔五〕；

其用心如是〔六〕，則無弊盡時也〔七〕。

大盈若冲〔八〕，

〔大盈者〕〔九〕，謂道德大盈滿之君也。若冲者〔一〇〕，貴不敢驕，富不敢奢也。

其用不窮。

其用心如是〔一一〕，則無窮盡時也〔一二〕。

大直若屈，

大直謂修道法度，正直如一也。若屈者〔一三〕，不與俗人争，如可屈折。

大巧若拙，

大巧謂多才術也〔一四〕。若拙者〔一五〕，示不敢見其能〔一六〕。

大辯若訥。

大辯者〔一七〕，智無疑〔一八〕。若訥者〔一九〕，口無辭〔二〇〕。

躁勝寒，

勝，極也。春夏陽氣躁疾於上，萬物盛大〔二一〕，極則寒，寒則零落死亡也〔二二〕，言人不當剛躁也。

靜則熱，

秋冬萬物靜於黄泉之下，極則熱，熱者生之源〔二三〕。

清靜爲天下正〔二四〕。

能清〔能〕靜〔二五〕則爲天下〔之〕長〔二六〕，持〔身〕正則無終已時也〔二七〕。

校勘記

〔一〕案此處及以下注文之「缺」字，影宋本、天禄本及敦煌本均作「玦」，治要、强本、集注本、取善集均作「缺」，意林作「缺」，顧本與道藏本作「缺」。馬叙倫曰：「缺玦并缺字之譌。六朝俗書缶旁與垂旁往往相亂。缶寫成缶，因復誤爲金也。」案馬説是，今從顧本與道藏本作「缺」。

〔二〕影宋本原無「大成者」三字，據前後文當有，今從S三九二六補。

〔三〕P二六三九及意林無「若」，治要「若」作「如」。

〔四〕意林無「毁缺」二字。

〔五〕S三九二六「弊」作「敝」。

〔六〕〔一一〕道藏本兩「如是」並作「如此」。

〔七〕道藏本與取善集「時」字上有「之」。

〔八〕S三九二六「大盈」作「大滿」。

〔九〕案影宋本及各本均無「大盈者」三字，然據上下文，此處應有此三字，今擬補。

〔一〇〕〔一三〕〔一五〕影宋本「若」原作「如」，據P二六三九與顧本改。

〔一二〕治要、强本、P二六三九與S三九二六均無「時也」。

〔一四〕S三九二六「大巧」下有「者」字。

〔一六〕影宋本「示」作「亦」，S三九二六無「亦」，今從强本與P二六三九改作「示」。又意林此段注作「不見其然」四字。

〔一七〕治要、强本皆無「者」字，S三九二六「者」字作「言」。

〔一八〕P二六三九、S三九二六、意林及治要「智」字均作「知」。

〔一九〕影宋本「若」字原作「如」，據P二六三九改。

〔二〇〕「口無辤」，道藏本、集注本作「口無辭」，顧本、强本、治要作「無口辭」，天禄本作「口無辤」，P二六三九作「無口辤」S三九二六作「無口辯」，意林作「口無辯」。

〔二一〕顧本無「大」字。

〔二二〕道藏本「死亡」作「散亡」。

〔二三〕顧本「源」字作「原也」。又蕭吉五行大義卷三引河上公解老子言：「躁氣在上，陽氣伏於下，故熱。人體陰陽義亦如是。春夏舒散，陽氣開發，宜以溫食，用和陰氣。秋冬閉斂，陽氣在內。」案此段注文不見於今本。

〔二四〕P二六三九、治要、道藏本「爲」字上皆有「以」字。

〔二五〕影宋本原缺一「能」字，據顧本、强本、治要、道藏本、P二六三九、S三九二六補。又天禄本「靜」字作「淨」。

〔二六〕影宋本原缺「之」字，據道藏本補。

〔二七〕影宋本原缺「身」字，據强本補。又S三九二六無「則」字。

儉欲第四十六

天下有道，

謂人主有道也。

却走馬以糞，

糞者，糞田也〔一〕。〔治國者〕兵甲不用〔二〕，却走馬〔以〕治農田〔三〕，治身者却陽精以糞其身。

天下無道，

謂人主無道也。

戎馬生於郊。

戰伐不止，戎馬生於郊境之上，久不還也。

罪莫大於可欲。

好淫色也〔四〕。

禍莫大於不知足，

富貴不能自禁止也〔五〕。

咎莫大於欲得。

欲得人物，利且貪也〔六〕。

故知足之足，

守真根也，

常足〔矣〕〔七〕。

無欲心也〔八〕。

校勘記

〔一〕顧本無「糞者」二字。治要「糞田」作「治田」。

〔二〕影宋本原缺「治國者」三字，據S三九二六補。

〔三〕影宋本原缺「以」字，據顧本、强本、治要、道藏本、集注本及P二六三九補。又S三九二六「以治農田」作「以糞農田」，文選東京賦注引河上公注作「以務農田」。

〔四〕「好淫色」，P二六三九、S三九二六、强本皆作「好色淫」，顧本作「好色慾」，道藏本作「好色淫欲」。

〔五〕道藏本「自」字下有「知」字。

〔六〕强本此句作「欲得人利物且貪也」。

〔七〕影宋本原缺「矣」字，據S三九二六、P二六三九、强本、道藏本及治要補。

〔八〕道藏本此句作「謂無有欲心」，顧本作「無欲也」。

鑒遠第四十七

不出户〔以〕知天下〔一〕，

聖人不出户以知天下者，以己身知人身，以己家知人家，所以見天下也〔二〕。

不窺牖〔以〕見天道〔三〕，

天道與人道同，天人相通〔四〕，精氣相貫。人君清靜〔五〕，天氣自正；人君多欲，天氣煩濁〔六〕。吉凶利害，皆由於己。

其出彌遠，其知彌少。

謂去其家觀人家，去其身觀人身，所觀益遠〔七〕，所見益少也〔八〕。

是以聖人不行而知，

聖人不上天，不入淵，能知天下者〔九〕，以心知之也。

不見而名，

上好道，下好德；上好武，下好力。聖人原小知大〔一〇〕，察内知外〔一一〕。

不爲而成〔一二〕。

上無所爲〔一三〕，則下無事，家給人足，萬物自化就也〔一四〕。

校勘記

〔一〕影宋本原無「以」字，據注文「聖人不出門以知天下者」云云，則此處當有「以」，今從治要、意林、S三九二六、P二六三九及道藏本補。

〔二〕治要與S三九二六「也」字均作「矣」，强本作「也矣」。

〔三〕影宋本漏「以」，據治要、意林、S三九二六及P二六三九補。

〔四〕影宋本「天人」誤作「大人」，據顧本、强本、S三九二六、P二六三九、道藏本與集注本改正。

〔五〕影宋本「靜」借作「浄」，據治要、强本、顧本、S三九二六、P二六三九、道藏本與集注本改正。

〔六〕顧本「氣」作「炁」。

〔七〕意林「所覩益遠」作「其視雖遠」。

〔八〕治要「所見」作「所知」。意林此句作「而所見至少也」。

〔九〕影宋本「天下者」誤作「天地」，據顧本、S三九二六及道藏本改。强本作「天地者」。

〔一〇〕〔一一〕顧本與强本兩「知」字上並有「以」字，道藏本有「而」字。

〔一二〕影宋本「不爲」原作「無爲」，據上文「不行而知，不見而名」，此亦當作「不爲」。今從治要、S三九二六、P二六三九、道藏本與天禄本改正。

〔一三〕道藏本作「上好無爲」。

〔一四〕治要此句作「物自化也」。顧本作「萬物自化而成就也」。道藏本作「萬物白化也」。

忘知第四十八

爲學日益，

學謂政教禮樂之學也〔一〕。日益者，情欲文飾日以益多〔二〕。

爲道日損。

道謂自然之道也〔三〕。日損者〔四〕，情欲文飾日以消損〔五〕。

損之又損〔之〕〔六〕，

〔損之者〕〔七〕，損情欲也。又損之〔者〕〔八〕，所以漸去〔之也〕〔九〕。

以至於無爲，

當恬惔如嬰兒〔一〇〕，無所造爲也。

無爲而無不爲。

情欲斷絶，德於道合，則無所不施，無所不爲也。

取天下常以無事，

取，治也。治天下常當以無事〔一一〕，不當煩勞也〔一二〕。

及其有事，不足以取天下〔一三〕。

及其好有事〔一四〕，則政教煩，民不安，故不足以治天下也。

校勘記

〔一〕顧本「學謂」作「學者謂」，强本與道藏本作「謂」，明本意林作「爲」。

〔二〕意林「情」字上有「爲」，無「益」字。

〔三〕意林無句首之「道」字。

〔四〕意林無「日損者」三字。

〔五〕顧本「情」字上有「使」。道藏本「消」作「銷」。意林無句末「損」字。

〔六〕影宋本漏句末「之」字，據治要、意林、P二六三九、S三九二六與强本補。

〔七〕影宋本漏「損之者」三字，據顧本補。道藏本作「損之」。

〔八〕影宋本漏句末「者」字，據顧本與道藏本補。

〔九〕影宋本漏句末「之也」，據强本、治要、P二六三九、S三九二六與道藏本補。

〔一〇〕强本「惔」字作「然」，P二六三九作「怕」，道藏本與集注本作「淡」。S三九二六無「惔」。「嬰」字影宋作「孾」，據顧本、强本、S三九二六、道藏本與集注本改。

〔一〕S三九二六「常當」倒作「當常」，道藏本無「常」字。俞樾曰：「疑河上原注作『治天下當以無事』，後人因經文譌作『常』，因於注文增入『常』字耳。」

〔二〕P二六三九、强本與道藏本「煩勞」倒作「勞煩」，治要作「勞煩民」。

〔三〕道藏本「不足以」作「不可以」。

〔四〕P二六三九無句首「及」字。

任德第四十九

聖人無常心，

聖人重改更〔一〕，貴因循，若自無心〔二〕。

以百姓心爲心。

百姓心之所便〔三〕，〔聖人〕因而從之〔四〕。

善者吾善之，

百姓爲善〔五〕，聖人因而善之。

不善者吾亦善之，

百姓爲不善〔六〕，聖人化之使善也〔七〕。

德善〔八〕；

百姓德化〔九〕，聖人爲善〔一〇〕。

信者吾信之，

百姓爲信〔一一〕，聖人因而信之。

不信者吾亦信之，

百姓爲不信〔一二〕，聖人化之使信也〔一三〕。

德信〔一四〕。

百姓德化〔一五〕，聖人爲信〔一六〕。

聖人在天下怵怵〔一七〕，

聖人在天下怵怵常恐怖〔一八〕，富貴不敢驕奢〔一九〕。

爲天下渾其心。

言聖人爲天下百姓渾濁其心〔二〇〕，若愚闇不通也。

百姓皆注其耳目，

注，用也。百姓皆用其耳目爲聖人視聽也。

聖人皆孩之。

聖人愛念百姓如孩嬰赤子〔二一〕，長養之而不責望其報〔二二〕。

校勘記

〔一〕顧本「重」字上有「不」字。

〔二〕P二六三九「貴因循」作「動因循」。顧本與道藏本「若自」作「若似」。

〔三〕强本句首有「以」字。

〔四〕影宋本漏「聖人」二字，據S三九二六補。

〔五〕S三九二六句末有「者」字。

〔六〕影宋本此句原作「百姓雖有不善者」，今從治要改作「百姓爲不善」，與後文「百姓爲不信」句相應。

〔七〕顧本、强本與S三九二六「使」下有「爲」字。P二六三九「之」字作「而」。意林此段作「不善則教道使就善」。

〔八〕S三九二六作「得善矣」。

〔九〕〔一五〕顧本兩句並作「聖人德化」，S三九二六作「百姓得化」。

〔一〇〕顧本作「百姓爲善矣」。

〔一一〕〔一三〕S三九二六兩句末並有「者」字。

〔一三〕S三九二六「使信也」作「使爲信」。P二六三九無「之」字。又意林此段略作「亦以教道」。

〔一四〕S三九二六作「得信矣」。

〔一六〕顧本此句作「百姓爲信矣」。

〔一七〕「怵怵」，釋文云：「河上本作惔」，又引簡文云：「河上公作怵。」陳景元謂「河上公本作怵怵」。

〔一八〕「怵怵常恐怖」，顧本作「常怵怵恐懼」。道藏本與S三九二六「恐怖」作「恐懼」。

〔一九〕S三九二六「驕奢」作「憍奢」。

〔二〇〕顧本無句首「言」字，「渾」作「混」。S三九二六無「濁」。

〔二一〕S三九二六句首有「言」字。道藏本與集注本「孩嬰」並作「嬰孩」，S三九二六作「孩兒」，强本與P二六三九作「蠕虫」，顧本作「育」。

〔二二〕强本「長養之」作「養之長之」。

貴生第五十

出生入死。

出生謂情欲出〔於〕五內〔一〕，魂定魄靜，故生。入死謂情欲入於胷臆，精勞神惑〔二〕，故死。

生之徒十有三，死之徒十有三，

言生死之類各有十三〔三〕，謂九竅四關也〔四〕。其生也，目不妄視，耳不妄聽，鼻不妄嗅〔五〕，口不妄言〔六〕，〔舌不妄〕味〔七〕，手不妄持，足不妄行，精不妄施〔八〕。其死也反是〔九〕。

人之生〔一〇〕，動之死地十有三〔一一〕。

人之求生〔一二〕，動作反之十三〔一三〕死〔地〕也〔一四〕。

夫何故〔一五〕？

問何故動之死地也〔一六〕。

以其求生之厚〔一七〕。

〔言人〕所以動之死地者〔一八〕，以其求生活之事太厚〔一九〕，違道忤天〔二〇〕，妄行失紀〔二一〕。

蓋聞善攝生者〔二二〕，

攝，養也。

陸行不遇兕虎，

自然遠避，害不干也。

入軍不被甲兵〔二三〕，

不好戰以殺人〔二四〕。

兕無〔所〕投其角〔二五〕，虎無所措〔其〕爪〔二六〕，兵無所容其刃。

養生之人，兕虎無由傷〔二七〕，兵刃無從加也〔二八〕。

夫何故〔二九〕？

問兕虎〔三〇〕兵甲何故不害之〔三一〕。

以其無死地。

以其不犯〔上〕十三之死地也〔三二〕。言神明營護之〔三三〕，此物不敢害〔三四〕。

校勘記

〔一〕影宋本漏「於」字，據S三九二六、P二六三九、顧本、强本、延命録與道藏本補。

〔二〕影宋本原作「精神勞惑」，P二六三九、S三九二六作「精勞神或」，延命録作「精散神惑」。今從敦煌本。

〔三〕「各有十三」，道藏本與延命録作「各十有三」。

〔四〕延命録作「謂之九竅而四關也」。

〔五〕影宋本原作「鼻不妄香臯」，集注本與P二六三九、S三九二六同影宋本，强本、道藏本與天禄本作「鼻不妄香臭」，然據上下文，此句作「鼻不妄嗅」於義爲長，今從顧本與延命録改正。

〔六〕影宋本原作「口不妄言味」，今據顧本、集注本與延命録作「口不妄言」。

〔七〕影宋本原缺「舌不妄」三字，據顧本、集注本補。

〔八〕影宋本原作「精神不妄施」，集注本作「精不妄摇於」，今從顧本、强本、S三九二六、P二六三九、延命録與道藏本删去「神」字。

〔九〕影宋本「反是」誤作「及是也」，S三九二六作「反此」，今從顧本、强本、道藏本、延命録、集注本與天録本改作「反是」。

〔一〇〕延命録句末有「也」字。

〔一一〕S三九二六、P二六三九、延命録「動之」作「動皆之」。

〔一二〕顧本與延命録作「人欲求生」，强本作「人之欲求生」。

〔一三〕强本與道藏本「十三」作「十有三」，延命録作「十有三之」。

〔一四〕影宋本漏「地」字，據顧本、强本、S三九二六、P二六三九、延命録、道藏本與集注本補。

〔一五〕〔一九〕S三九二六、與P二六三九兩句末並有「哉」字。

〔一六〕P二六三九、顧本與强本「問」字下有「之」。

〔一七〕影宋本「求生」作「生生」，譣河上注云：「以其求生活之事太厚」，則作「求生」於義爲長，第七十五章「民之輕死，以其求生之厚」，與此處同例。今據延命録改。又道藏本與延命録句末有「也」。

〔一八〕影宋本無「言人」，據S三九二六補。道藏本句末「者」作「也」。

〔一九〕「生活之事」，延命録作「生之活之」，道藏本無「活之事」三字。

〔二〇〕延命録作「遠道反天」。

〔二一〕道藏本「失紀」作「於己」。

〔二二〕意林無「蓋聞」二字。

〔二三〕影宋本「被」誤作「避」，據意林、强本、P二六三九、S三九二六、道藏本與取善集改。

〔二四〕意林此句作「不好戰殺」，顧本作「不好戰以殺也」。S三九二六「殺」作「煞」。

〔二五〕影宋本無「所」，據P二六三九、S三九二六與道藏本補。

〔二六〕影宋本漏「其」，據P二六三九、S三九二六與道藏本補。

〔二七〕〔三〇〕影宋本「兕虎」倒作「虎兕」，據顧本與S三九二六改。

〔二八〕影宋本「加」字下有「之」，據顧本、强本、P二六三九、S三九二六與道藏本删。又顧本「無從」作「無由」。

〔二九〕影宋本漏「上」字，據顧本、强本、S三九二六與延命録補。又延命録「十三」作「十有三」。P二六三九「上」字作「之」。

〔三一〕强本無句末「之」字。

〔三二〕强本與P二六三九、S三九二六無「明」。又P二六三九無句末「之」字。

〔三四〕道藏本「此物」作「兵兕」。顧本「此物」下有「自然」二字。强本句末有「之」字。

養德第五十一

道生之，

道生萬物。

德畜之，

德，一也。一主布氣〔一〕而畜養〔之〕〔二〕。

物形之，

一爲萬物設形象也〔三〕。

勢成之。

一爲萬物作寒暑之勢以成之〔四〕。

是以萬物莫不尊道而貴德。

道德所爲，〔萬物〕無不盡驚動〔五〕而尊敬〔之〕〔六〕。

道之尊，德之貴，夫莫之命而常自然。

道一不命召萬物，而常自然應之如影響。

故道生之，德畜之，長之育之，成之孰之〔七〕，養之覆之。

道之於萬物〔八〕，非但生之而已〔九〕，乃復長養、成孰〔一〇〕、覆育，全其性命〔一一〕。人君治國治身，亦當如是也〔一二〕。

生而不有，

道生萬物，不有所取以爲利也〔一三〕。

爲而不恃，

道所施爲，不恃望其報也。

長而不宰，

道長養萬物，不宰割以爲利也〔一四〕。

是謂玄德。

道之所行恩德，玄闇不可得見。

校勘記

〔一〕P二六三九、顧本、道藏本與集注本「主」字均作「生」。顧本與S三九二六「氣」作「炁」。

〔二〕影宋本漏句末「之」字，據顧本與S三九二六補。

〔三〕强本與S三九二六「象」字作「像」。

〔四〕顧本「之勢」作「烝勢」。

〔五〕影宋本漏「萬物」二字，據S三九二六補。道藏本「無不」作「莫不」。强本「驚動」作「敬動」。

〔六〕影宋本漏句末「之」字，據顧本、强本與S三九二六補。P二六三九「而」字作「不」。

〔七〕P二六三九、S三九二六與道藏本「孰」作「熟」。

〔八〕顧本句首有「言」字。道藏本「之」作「生」。

〔九〕道藏本無「之」。

〔一〇〕顧本、强本、P二六三九、S三九二六與集注本「成孰」均作「成熟」，道藏本作「成就」。

〔一一〕影宋本「其」字誤作「於」，據顧本、强本、P二六三九、S三九二六、道藏本與集注本改。

〔一二〕P二六三九、顧本「如是」作「如此」。强本與S三九二六作「如之」。又馬叙倫據此段河上注文，謂河上本經文應作「道生之、長之、養之、成之、熟之、覆之、育之」，與今本異。

〔一三〕治要無「所」字。顧本與道藏本「利也」作「利用」。

〔一四〕顧本、P二六三九、治要與集注本「利也」作「利用也」，S三九二六與强本作「器用」。

歸元第五十二

天下有始，以爲天下母。

始，道也〔一〕。道爲天下萬物之母〔二〕。

既知其母〔三〕，復知其子〔四〕；

子，一也。既知道已〔五〕，當復知一也〔六〕。

既知其子，復守其母，

已知一〔七〕，當復守道反無爲也。

没身不殆。

不危殆也。

塞其兑〔八〕，

兑，目也。〔使〕目不妄視〔九〕。

閉其門〔一〇〕，

門，口也。使口不妄言〔一一〕。

終身不勤。

人當塞目不妄視，閉口不妄言〔一二〕，則終身不勤苦〔一三〕。

開其兑，

開目視情欲也〔一四〕。

濟其事，

濟，益也〔一五〕。益情欲之事。

終身不救。

禍亂成也。

見小曰明，

萌芽未動〔一六〕，禍亂未見爲小，昭然獨見爲明〔一七〕。

守柔日强

守柔弱〔一九〕，日以强大也〔二〇〕。

用其光，

用其目光於外〔二一〕，視時世之利害。

復歸其明。

復當反其光明於内〔二二〕，無使精神泄也〔二三〕。

無遺身殃，

内視存神〔二四〕，不爲漏失。

是謂習常〔二五〕。

人能行此，是謂習修常道〔二六〕。

校勘記

〔一〕影宋本原誤作「始有道也」，今從顧本與S三九二六删作「始道也」。又道藏本作「始者道也」，亦可。

〔二〕顧本、强本、S三九二六與集注本「之母」均作「母也」，P二六三九無「之」字。

〔三〕S三九二六、P二六三九作「既得其母」。

〔四〕S三九二六與P二六三九作「以知其子」。

〔五〕S三九二六作「既得道已」，强本與范應元作「既知得道已」。顧本作「既知得道以」，P二六三九作「既知得道」。

〔六〕范應元「知一」作「知其一」。

〔七〕P二六三九、顧本作「以知其一」，道藏本作「既知其一」，取善集作「既知天下萬物之理」。

〔八〕釋文謂兑字河上本作「鋭」。

〔九〕影宋本無「使」，據顧本與取善集補。意林無「使目」二字。

〔一〇〕影宋本「閉」作「閇」，閇蓋閉之俗字。今從意林、强本與道藏本作「閉」。P二六三九、S三九二六亦作「閇」，後文同此。

〔一〕S三九二六無「口」字。意林無「使口」二字。P二六三九作「使不妄言説是非」。强本作「使不妄言説非也」。

〔二〕影宋本「閉」作「閇」，今從顧本、强本、道藏本與集注本作「閉」。

〔三〕意林無「則」。道藏本無「終」。集注本「勤苦」作「勤矣」。

〔四〕道藏本「開目」作「開其目」。意林無「開目」二字。

〔五〕意林無「益也」二字。

〔六〕影宋本「芽」原作「牙」，據顧本與强本改。

〔七〕S三九二六「昭」作「照」。

〔八〕道藏本「日强」作「曰强」。

〔九〕顧本末有「者」字。

〔一〇〕S三九二六「日以」作「日已」，强本作「曰已」，道藏本作「曰以」。

〔一一〕取善集無「目」。

〔一二〕S三九二六「復當」作「當復」，道藏本作「言復」。

〔一三〕P二六三九、S三九二六「泄」作「洩」，顧本「泄」下有「於外」二字。

〔一四〕道藏本「存神」作「全神」。

〔一五〕强本「習」作「襲」。

〔二六〕顧本「謂」作「爲」。强本無「習」。P二六三九無「修」字。

益證第五十三

使我介然有知，行於大道。

介，大也〔一〕。老子疾時王不行大道〔二〕，故設此言〔三〕：使我介然有知於政事，我則行於大道〔四〕，躬〔行〕無爲之化〔五〕。

唯施是畏。

唯，獨也。獨畏有所施爲，〔恐〕失道意〔六〕。欲賞善恐僞善生〔七〕，欲信忠恐詐忠起〔八〕。

大道甚夷，而民好徑。

夷，平易也〔九〕。徑，邪不平正也〔一〇〕。大道甚平易〔一一〕，而民好從邪徑也〔一二〕。

朝甚除，

高臺榭，宮室修〔一三〕。

田甚蕪，

農事廢，不耕治〔一四〕。

倉甚虛，

五穀傷害〔一五〕，國無儲也。

服文綵〔一六〕，

好飾僞〔一七〕，貴外華〔一八〕。

帶利劍，

尚剛强〔一九〕，武且奢。

厭飲食，

多嗜欲，無足時。

財貨有餘，是謂盜誇〔二〇〕。

百姓〔不足〕而君有餘者〔二一〕，是由劫盜以爲服飾〔二二〕，持行誇人〔二三〕，不知身死家破，親戚并隨〔之〕也〔二四〕。

〔盜誇〕，非道〔也〕哉〔二五〕！

人君所行如是〔二六〕，此非道也。復言「也哉」者，痛傷之辭〔二七〕。

校勘記

〔一〕S三九二六無「介大也」三字。

〔二〕顧本「老子」作「老君」，「時王」作「時主」。

〔三〕P二六三九、顧本、强本、道藏本皆無「此」字。

〔四〕P二六三九無「於」字。

〔五〕影宋本缺「行」字，據顧本、道藏本、S三九二六補。又强本「無爲之化」下多「絶威嚴之政」五字。

〔六〕影宋本原無「慝」字，據顧本補。范應元本「失道意」作「殊道意」。

〔七〕道藏本無「恐」字。范應元本無「僞善」之「善」字。

〔八〕P二六三九「欲信忠」作「欲賞忠信」，道藏本「信」字作「性」。范應元本無「詐忠」之「忠」字。

〔九〕强本此句作「夷，平也；大，易也」。

〔一〇〕治要、顧本皆無「正」字。

〔一一〕影宋本「甚」字誤作「世」，據顧本、强本、治要、P二六三九、S三九二六、道藏本與集注本改正。又顧本句首「大」字作「夫」。

〔一二〕治要「民」字作「人」。S三九二六「邪徑」作「耶徑」，顧本作「徑邪」，治要作「邪不平正」，强本作「徑邪不平正」，P二六三九作「邪徑不平正」。

〔一三〕「宮室修」，顧本、强本並作「修宮室」。

〔一四〕S三九二六「耕」字作「[illegible]」。P二六三九、顧本此句並作「不耕治失時也」，道藏本與取善集作「不耕治而失時也」，强本作「業耕治失時」。

〔一五〕「五穀傷害」，S三九二六作「五槃傷」三字。

〔一六〕治要「綵」字作「采」，道藏本作「彩」。

〔一七〕道藏本「飾僞」作「僞飾」。

〔一八〕影宋本「貴外華」誤作「貴内華」，據P二六三九、S三九二六、顧本、强本、治要、道藏本及集注本改正。

〔一九〕顧本「尚」字作「上」。强本無「剛」字，P二六三九、S三九二六「剛」字並作「剄」。

〔二〇〕影宋本「誇」字原作「夸」，據道藏本與强本改。後文「誇」字同此。

〔二一〕影宋本漏「不足」二字，據顧本、强本、P二六三九、S三九二六、治要、道藏本與集注本補。

〔二二〕S三九二六、治要「由」字並作「猶」。强本「由」字下有「致」字。道藏本「以爲」作「以致」。S三九二六「服飾」作「飾服」。

〔二三〕影宋本「誇」字作「夸」，據强本、道藏本與集注本改。

〔二四〕影宋本漏「之」字，據S三九二六、顧本、强本與治要補。

〔二五〕「盜誇非道也哉」，影宋本原作「非道哉」三字，P二六三九作「盜誇非盜」四字，治要、强本、S三九二六均作「非盜也哉」，唯道藏本作「盜誇非盜也哉」六字。案釋文云：「盜夸非盜也哉，河上本同。」據此當以道藏本爲善。

〔二六〕道藏本無句首「人」字。

〔二七〕道藏本「痛傷」作「傷痛」。又P二六三九無「人君所行如是」以下四句注文。

修觀第五十四

善建者不拔，

建，立也。善以道立身立國者〔一〕，不可得引而拔〔之〕〔二〕。

善抱者不脱，

善以道抱精神者，終不可拔引解脱〔三〕。

子孫祭祀不輟〔四〕。

〔輟，絶也〕〔五〕。爲人子孫能修道如是，〔則〕長生不死〔六〕，世世以久〔七〕，祭祀先祖宗廟〔八〕，無〔有〕絶時〔九〕。

修之於身，其德乃真；

修道於身，愛氣養神，益壽延年。其德如是，乃爲真人。

修之於家，其德乃餘〔一〇〕；

修道於家〔一一〕，父慈子孝，兄友弟順〔一二〕，夫信妻貞〔一三〕。其德如是，乃有餘慶及於來世子孫〔一四〕。

修之於鄉，其德乃長；

修道於鄉，尊敬長老，愛養幼少〔一五〕，教誨愚鄙。其德如是，乃無不覆及也。

修之於國，其德乃豐；

修道於國，則君信臣忠〔一六〕，仁義自生，禮樂自興〔一七〕，政平無私〔一八〕。其德如是，乃爲豐厚也。

修之於天下，其德乃普。

人主修道於天下〔一九〕，不言而化，不教而治，下之應上，信如影響〔二〇〕。其德如是，乃爲普博〔二一〕。

故以身觀身，

以修道之身觀不修道之身，孰亡孰存也〔二二〕。

以家觀家，

以修道之家觀不修道之家也。

以鄉觀鄉，

以修道之鄉觀不修道之鄉也。

以國觀國，

以修道之國觀不修道之國也。

以天下觀天下。

以修道之主觀不修道之主也。

〔三〕何以知天下之然哉〔二三〕？以此。

老子言〔二四〕：吾何〔以〕〔二五〕知天下修道者昌〔二六〕，背道者亡〔二七〕？以此五事〔二八〕觀而知之也〔二九〕。

校勘記

〔一〕「立身立國」，意林作「建身建國」。

〔二〕影宋本無句末「之」字，據顧本、意林與S三九二六、P二六三九補。

〔三〕S三九二六無「拔引」二字。强本「解脱」作「解也」。

〔四〕P二六三九、S三九二六「孫」字下有「以」。

〔五〕影宋本無「輟絶也」三字，據强本與P二六三九補。

〔六〕影宋本無「則」，據S三九二六補。

〔七〕强本無「久」字。

〔八〕S三九二六無「宗廟」二字。

〔九〕影宋本漏「有」字，據S三九二六補。

〔一〇〕影宋本「乃餘」作「有餘」，據道藏本與治要改正。

〔一一〕取善集「於」作「之」。

〔一二〕强本「順」作「恭」。

〔一三〕强本「信」作「順」。取善集「妻」作「婦」。道藏本「貞」作「正」。

〔一四〕取善集此句作「乃有餘也」四字。治要無「及於來世子孫」。

〔一五〕影宋本「幼少」作「幼小」。今據顧本、强本、治要、P二六三九、S三九二六、道藏本與集注本改正。

〔一六〕道藏本與P二六三九「信」並作「聖」。又P二六三九無句首「則」字。

〔一七〕P二六三九「自興」作「不興」，「仁義自生」作「仁義自去」。

〔一八〕S三九二六「政」作「正」。道藏本「私」作「修」。

〔一九〕强本無「主」字。

〔二〇〕道藏本無「信」。

〔二一〕道藏本「乃爲」作「乃可以」。影宋本「普博」誤作「普傳」，今據S三九二六、P二六三九、强本、顧本、治要、道藏本與集注本改正。

〔二二〕顧本兩「孰」字並作「誰」。S三九二六無「孰亡」二字。案據以下四條注文，此處「孰亡孰存」四字疑爲衍文。

〔二三〕影宋本漏「吾」字，據P二六三九、S三九二六與道藏本補。

〔二四〕顧本「老子」作「老君」。

〔二五〕道藏本與S三九二六「吾」字均作「我」，P二六三九無「吾」字。又影宋本漏「以」字，據S三九二六、P二六三九、顧本、强本、道藏本、集注本與取善集補。

〔二六〕〔二七〕道藏本無兩「者」字。

〔二八〕强本「五事」作「五者」。顧本與S三九二六皆無「五事」二字。

〔二九〕「觀而知之」，顧本作「觀之而知」。又P二六三九句末「也」字作「矣」。

玄符第五十五

含德之厚，

謂含懷道德之厚〔者〕也〔一〕。

比於赤子。

神明保佑含德之人，若父母之於赤子也〔二〕。

毒蟲不螫，

蜂蠆蛇虺不螫〔三〕。

猛獸不據，玃鳥不搏〔四〕。

赤子不害於物〔五〕，物亦不害之〔六〕。故太平之世，人無貴賤，〔皆有〕仁心〔七〕，有刺之物，還反其本〔八〕；有毒之蟲，不傷於人〔九〕。

骨弱筋柔而握固〔一〇〕。

赤子筋骨〔一一〕柔弱而持物堅固〔一二〕，以其意〔專而〕心不移也〔一三〕。

未知牝牡之合而峻作，精之至也〔一四〕。

赤子未知男女之合會而陰作怒者〔一五〕，由精氣多之所致也〔一六〕。

終日號而不啞〔一七〕，**和之至也**〔一八〕。

赤子從朝至暮啼號聲不變易者〔一九〕，和氣多之所致也〔二〇〕。

知和曰常，

人能知和氣之柔弱有益於人者〔二一〕，則爲知道之常也。

知常日明〔二二〕，

人能知道之常行，則日以明達於玄妙也〔二三〕。

益生日祥〔二四〕，

祥，長也〔二五〕。言益生欲自生〔二六〕，日以長大〔二七〕。

心使氣日强〔二八〕。

心當專一和柔〔二九〕而〔神〕氣實內〔三〇〕，故形柔〔三一〕。而反使妄有所爲〔三二〕，〔則〕和氣去於中〔三三〕，故形體日以剛强也。

物壯則老〔三四〕，

萬物壯極則枯老也。

謂之不道，

枯老則不得道矣〔三五〕。

不道早已。

不得道者早死〔三六〕。

校勘記

〔一〕影宋本「厚者」作「厚也」，據顧本、强本、P二六三九、道藏本與集注本改。

〔二〕顧本與P二六三九、S三九二六「若」字上有「比」字。

〔三〕P二六三九、强本「蛇」作「虵」。道藏本「虺」作「蚖」。顧本句末有「之也」二字。S三九二六此句作「蜂蠆虺虵不螫」。

〔四〕道藏本與S三九二六「玃」作「獲」。S三九二六「搏」作「博」。

〔五〕影宋本「赤子」誤作「赤鳥」，據顧本、强本、P二六三九、S三九二六、道藏本與范應元本改正。又顧本無「於」字。

〔六〕道藏本無「亦」字。范應元本「之」字作「赤子」。

〔七〕影宋本漏「皆有」二字，據顧本、强本、P二六三九、S三九二六、道藏本與集注本補。

〔八〕强本「反」作「返」，「本」作「木」。

〔九〕顧本與S三九二六「蟲」字作「虫」，P二六三九作「人」。

〔一〇〕〔一一〕影宋本兩「筋」字並作「觔」，今從道藏本、顧本、强本與集注本、范應元本、取善集改作「筋」。玉篇云：「觔，俗筋字。」

〔一二〕「持物堅固」，强本作「持物握固者」五字，取善集作「握固」二字，范應元本作「持物握固」。

〔一三〕影宋本漏「專而」二字，今據顧本、强本、P二六三九、S三九二六、道藏本、取善集與范應元本補「專」字，又據道藏本與范應元本補「而」字。

〔一四〕P二六三九「峻」作「酸」，S三九二六無「也」。

〔一五〕范應元本無「會」字。天禄本「陰」字作「陰陽」。

〔一六〕S三九二六無句首「由」字。范應元本無「多」字，「致」作「至」。

〔一七〕P二六三九與S三九二六「啞」並作「嗄」。道藏本「而不啞」作「而嗌不嗄」。

〔一八〕P二六三九「至」字作「志」。

〔一九〕S三九二六無「啼」字。范應元本此句作「赤子終日啼哭而聲不變易者」。

〔二〇〕范應元本無「多」字。顧本「氣」作「炁」。道藏本無「之」字。

〔二一〕S三九二六、P二六三九皆無「之」字。

〔二二〕影宋本「日明」原作「曰明」。馬叙倫曰：「河上注曰『人能知道之常行，則日以明達於玄妙也』，是河上亦作『日明』。」案馬說是，今從天禄本改正。

〔二三〕强本與集注本「日」並作「曰」。S三九二六無「於玄妙也」。P二六三九無「常行」之「行」字，「則」字作「明」。

〔二四〕〔二八〕道藏本兩「日」字並作「曰」。

〔二五〕道藏本「長」作「道」。

〔二六〕S三九二六無「益生」之「生」字。

〔二七〕强本「長大」作「長久」。

〔二九〕顧本、强本與P二六三九、S三九二六「和」字上並有「爲」字。又顧本「當」字作「常」。

〔三〇〕影宋本缺「神」字，據顧本、强本、P二六三九、S三九二六與道藏本補。

〔三一〕顧本「而神氣實内故形柔」句作「故神氣實内而形柔」。强本「故形柔」三字作「故形德柔弱」。

〔三二〕顧本句首「而」字作「若」字。

〔三三〕影宋本漏句首「則」字，據顧本、S三九二六與道藏本補。

〔三四〕影宋本「則老」誤作「將老」，據S三九二六、P二六三九、廣明幢與道藏本改正。

〔三五〕影宋本此句原作「老不得道」，P二六三九與强本作「老不得道者」，道藏本作「老則不得道也」，今從顧本。又三十章「是謂不道」句注云：「枯老者坐不行道也。」

〔三六〕影宋本此句作「不得道者早已死也」，强本作「不得道早已死也」，道藏本作「不得道者早已死亡」。顧本作「不得道者早已，早已者死也」。今從P二六三九、S三九二六作「不得道者早死」，案三十章「不道早已」句注作「不行道者早死」。

玄德第五十六

知者不言，

知者貴行不貴言也〔一〕。

言者不知。

駟不及舌，多言多患〔二〕。

塞其兑，閉其門，

塞閉之者〔三〕，欲絶其源。

挫其鋭，

情欲有所鋭爲〔四〕，當念道無爲以挫止之。

解其紛〔五〕，

紛，結恨不休也〔六〕。當念道恬怕以解釋之〔七〕。

和其光，

雖有獨見之明，當和之使闇昧，不使曜亂〔人也〕〔八〕。

同其塵，

不當自別殊也〔九〕。

是謂玄同。

玄，天也。人能行此上事，是謂與天同道也。

故不可得而親〔一〇〕，

不以榮譽爲樂，獨立爲哀〔一一〕。

亦不可得而踈〔一二〕；

志靜無欲〔一三〕，與人無怨〔一四〕。

不可得而利，

身不欲富貴，口不欲五味。

亦不可得而害；

不與貪爭利，不與勇爭氣。

不可得而貴，

不爲亂世主〔一五〕，不處暗君位〔一六〕。

亦不可得而賤，

不以乘權故驕〔一七〕，不以失志故屈〔一八〕。

故爲天下貴。

其德如此，天子不得臣，諸侯不得屈，與世沉浮〔一九〕，容身避害，故爲天下貴也〔二〇〕。

校勘記

〔一〕意林此句作「貴其行也」，道藏本作「知者貴於行道，不貴於言」。

〔二〕道藏本此句作「多言多患，駟不及舌」。

〔三〕影宋本「塞閉」誤作「塞門」，S三九二六作「塞閇」，P二六三九作「閇塞」，今從顧本、强本、道藏本與集注本改作「塞閉」。

〔四〕顧本句首有「人」字，句末有「者」字，道藏本句末亦有「者」字。

〔五〕P二六三九、S三九二六「紛」字均作「忿」。案第四章「解其紛」之「紛」字，敦煌S四七七亦作「忿」，注云：「忿，結恨也」。

〔六〕S三九二六「紛」字作「言」，P二六三九、强本並作「忿」。又顧本句末「也」字作「者」。

〔七〕影宋本此句原誤作「當念道無爲以挫止之」，集注本作「當念道無爲以釋之」，道藏本作「當念道之淡薄以解釋」，顧本作「當念道惔怕以解釋之」，强本作「當念道恬泊以解釋之也」。今據P二六三九、S三九二六改作「當念道恬怕以解釋之」。

〔八〕影宋本漏「人」字，據顧本、强本、S三九二六補。又顧本與P二六三九「曜」字並作「耀」。

〔九〕道藏本「别殊」作「殊别」。

〔一〇〕P二六三九句末多一「之」字。

〔一一〕「獨立爲哀」，道藏本作「同立而哀」。

〔一二〕P二六三九「而踈」作「而疏之」。

〔一三〕影宋本「欲」字誤作「故」，據顧本、强本、P二六三九、S三九二六、道藏本與集注本改正。

〔一四〕P二六三九句末多一「之」字。

〔一五〕〔一六〕P二六三九兩「不」字下並有「可」字。又「暗」字顧本、强本、P二六三九、道藏本與集注本均作「闇」。

〔一七〕顧本與道藏本「故」字作「而」。

〔一八〕道藏本「故」作「爲」。

〔一九〕道藏本「沉浮」倒作「浮沉」。

〔二〇〕道藏本「天下貴也」作「天下之貴」。

淳風第五十七

以正治國〔一〕，

以，至也〔二〕。天使正身之人〔三〕，使至有國也〔四〕。

以奇用兵，

奇，詐也。天使詐僞之人〔五〕，使用兵也〔六〕。

以無事取天下。

以無事無爲之人，使取天下爲之主。

吾何以知其然哉〔七〕？以此〔八〕。

此，今也。老子言〔九〕：我何以知天意然哉〔一〇〕？以今日所見知〔之也〕〔一一〕。

天下多忌諱而民彌貧。

天下謂人主也。忌諱者防禁也〔一二〕。令煩則姦生，禁多則下詐，相殆故貧〔一三〕。

民多利器，國家滋昬。

利器者權也。民多權則視者眩於目〔一四〕，聽者惑於耳〔一五〕，上下不親，故國家昬亂。

人多技巧〔一六〕，奇物滋起。

人謂人君、百里諸侯也〔一七〕。多技巧〔一八〕，謂刻畫宮觀〔一九〕，彫琢章服〔二〇〕，奇物滋起，下則化上，飾金鏤玉，文繡綵色〔二一〕日以滋甚〔二二〕。

法物滋彰，盜賊多有。

法物，好物也〔二三〕。珍好之物滋生彰著〔二四〕，則農事廢，飢寒並至〔二五〕，故盜賊多有也。

故聖人云：

謂下事也〔二六〕。

我無爲而民自化，

聖人言：我修道承天，無所改作，而民自化成也〔二七〕。

我好靜而民自正，

聖人言：我好〔安〕靜〔二八〕，不言不教〔二九〕，民皆自忠正也。

我無事而民自富，

我無徭役徵召之事〔三〇〕，民安其業〔三一〕，故皆自富也。

我無欲而民自朴。

我常無欲〔三二〕，去華文，微服飾〔三三〕，民則隨我爲質朴也〔三四〕。

〔我無情而民自清〕〔三五〕。

聖人言：我修道守真〔三六〕，絶去六情，民自隨我而清也〔三七〕。

校勘記

〔一〕P二六三九「正」作「政」。

〔二〕S三九二六「以」作「之」。馬敘倫曰：「諭河上注曰：『以，至也』，似以『至』字釋句首『以』字。『以』字古無『至』訓。奈卷引河上注曰：『之，至也』，則『以』爲『之』字之譌，是河上『治』作『之』，今作『治』者，後人據别本改也。」案馬敘倫所謂奈卷者，卽日本奈良舊鈔河上公老子注，其注「之，治也」，正與敦煌本同。馬氏據奈卷斷定河上本經文作「以正之國」，其説近是。

〔三〕顧本無句末「人」字。

〔四〕P二六三九「使至」作「至使」，强本「至」字作「正」。

〔五〕影宋本「僞」字誤作「爲」，據顧本、强本、P二六三九、S三九二六及集注本改正。

〔六〕顧本此句作「令其用兵也」，S三九二六作「令用兵」。

〔七〕道藏本此句作「吾何以知天下之然哉」。

〔八〕道藏本自「以正治國」至「以此」等數句屬第五十六章。案俞樾稱：二十二章、五十四章皆以「以此」爲章末結句，五十六章亦同。

〔九〕顧本「老子」作「老君」。

〔一〇〕道藏本無句首「我」字。强本、P二六三九、S三九二六無「然」字。

〔一一〕影宋本漏「之」字，據S三九二六、顧本、强本、道藏本與集注本補。

〔一二〕顧本「者」作「謂」。

〔一三〕顧本此句作「共相欺紿，故貧也」。强本作「奸詭相殆故貧也」。S三九二六「殆」作「紹」。P二六三九句末有「之」字。

〔一四〕集註本「眩」作「眇」。P二六三九無「則視」二字。

〔一五〕P二六三九、S三九二六「惑」作「或」。又P二六三九「不親」作「不相親」。

〔一六〕影宋本「技」作「伎」，據道藏本與S三九二六改正。

〔一七〕治要無「百里諸侯」四字。

〔一八〕影宋本作「多知伎巧」，道藏本作「多招技巧」，S三九二六作「多知技巧」。今從治要改作「多技巧」。

〔一九〕顧本、強本、P二六三九、S三九二六與治要均無「謂」字。「宮觀」，顧、強二本作「宮宇」。

〔二〇〕P二六三九、道藏本「彫」作「雕」。「章服」影宋本倒作「服章」，據顧本、強本、P二六三九、S三九二六、治要與道藏本改。

〔二一〕道藏本「綵」作「采」。

〔二二〕強本與P二六三九、S三九二六「日以」作「日已」。「滋甚」，顧本、強本、治要與P二六三九、S三九二六均作「滋起」。

〔二三〕顧本、強本與P二六三九、治要此句均作「法，好也」。

〔二四〕影宋本作「珍好」作「珎好」，據顧本、強本、治要、道藏本與集注本改。

〔二五〕顧本「飢」作「釓」，道藏本「並」作「近」。

〔二六〕取善集「下事」作「下文」。

〔二七〕強本無「成」。

〔二八〕影宋本無「安」，據道藏本補。

〔二九〕天祿本作「不言不語」。

〔三〇〕道藏本無句首「我」字。

〔三一〕P二六三九、強本句首有「使」字。

〔三二〕S三九二六「欲」下有「心」字。

〔三三〕影宋本「微」誤作「徵」，P二六三九作「徹」，今從顧本、S三九二六、道藏本與集注本改作「微」。又强本「去華文微服飾」略作「去華服實」，亦通。

〔三四〕影宋本「爲」字下衍「多」字，據强本、治要、P二六三九、S三九二六、道藏本及集注本刪去。又顧本此句作「民隨我以爲質朴」。

〔三五〕案此句經文及以下注文，影宋本原缺佚，顧本、强本、天禄本、集注本與S三九二六等亦缺，今據P二六三九道藏本與陳景元本補。又焦竑亦稱河上本有「我無情而民自清」。

〔三六〕陳景元本缺「聖人言我」四字。道藏本缺「守」字。

〔三七〕道藏本「民自」作「而民」，P二六三九漏「而清」之「而」字。

順化第五十八

其政悶悶，

其政教寬大〔一〕，悶悶昧昧〔二〕，似若不明也〔三〕。

其民醇醇〔四〕；

政教寬大〔五〕，故民醇醇富厚〔六〕，相親睦也。

其政察察，

其政教急疾〔七〕，言決於口，聽決於耳也〔八〕。

其民缺缺〔九〕。

政教急〔疾〕〔一〇〕，民不聊生〔一一〕，故缺缺〔一二〕日以踈薄〔一三〕。

禍兮福之所倚，

倚，因也。夫福因禍而生〔一四〕，人遭禍而能悔過責己〔一五〕，修道行善，則禍去福來〔一六〕。

福兮禍之所伏。

禍伏匿於福中〔一七〕，人得福而爲驕恣，則福去禍來。

孰知其極，

禍福更相生，誰能〔一八〕知其窮極時〔一九〕。

其無正，

无，不也。謂人君不正其身，其無國也〔二〇〕。

正復爲奇，

奇，詐也。人君不正，下雖正，復化上爲詐也。

善復爲訞〔二一〕。

善人皆復化上爲訞祥也〔二二〕。

人之迷，其日固久。

言人君迷惑失正以來〔二三〕，其日已固久〔二四〕。

是以聖人方而不割，

聖人行方正者，欲以率下，不以割截人也。

廉而不害，

〔害，傷也〕〔二五〕。聖人〔行〕廉清〔二六〕，欲以化民，不以傷害人也〔二七〕。今則不然，正己以害人也〔二八〕。

直而不肆，

肆，申也。聖人雖直〔二九〕，曲己從人，不自申也〔三〇〕。

光而不曜〔三一〕。

聖人雖有獨見之明〔三二〕，當如闇昧〔三三〕，不以曜亂人也〔三四〕。

校勘記

〔一〕意林「其」字作「音門」。道藏本此句作「其政弘大」。

〔二〕强本此句作「悶昧」二字。

〔三〕意林無「若」。

〔四〕意林與强本「醇醇」作「淳淳」。

〔五〕道藏本「寬大」作「弘大」。

〔六〕强本、取善集與集注本「醇醇」作「淳淳」。意林此句作「淳淳親厚」四字。

〔七〕意林與顧本無「其」。强本與意林無「教」。道藏本「急疾」作「疾隱」。

〔八〕S三九二六「決」作「斷」。强本「於」作「其」。意林「耳」作「身」。

〔九〕〔一二〕影宋本兩「缺缺」並作「鈌鈌」，意林、治要、S三九二六、强本、集注本均作「缺缺」，今從顧本與道藏本改作「缺缺」。說見第四十五章「大成若缺」句校語。

〔一〇〕影宋本漏「疾」字，據P二六三九、顧本與强本補。集注本無「急疾」，道藏本「急疾」作「煩疾」。

〔一一〕S三九二六「民不」作「民無」，P二六三九作「人不」。

〔一三〕治要、强本、S三九二六、P二六三九、道藏本與集注本「踈」均作「疏」。

〔一四〕影宋本此句誤作「夫禍因福而生」，今據治要、强本與S三九二六改正。

〔一五〕影宋本「人」誤作「天」，據天祿本、顧本、强本、治要、取善集、集注本、P二六三九、S三九二六與道藏本改正。又道藏本與S三九二六「遭禍而能」作「能遭禍」三字。

〔一六〕影宋本「去」字下有「而」字，據顧本、强本、治要、S三九二六、P二六三九、道藏本與取善集刪。又顧本「禍去福來」倒作「福來禍去」。

〔一七〕顧本作「福伏匿於禍中」。

〔一八〕道藏本「誰能」作「孰能」，强本與P二六三九作「無能」，治要作「無」，顧本作「誰」。

〔一九〕道藏本與取善集無「時」字。

〔二〇〕顧本「其」作「而」。道藏本「國」作「正」。

〔二一〕道藏本「復」作「伏」。强本「訞」作「祆」，P二六三九作「妖」。

〔二二〕顧本、强本「訞」並作「祆」，P二六三九、集注本作「妖」。S三九二六「祥」作「詳」。

〔二三〕P二六三九、S三九二六「惑」作「或」。顧本「以來」作「已來」。又S三九二六無「正」字。

〔二四〕强本、S三九二六與道藏本均無「已」字。顧本此句作「其日固久矣」，P二六三九作「其日久長」。

〔二五〕影宋本無「害傷也」三字。釋文云：河上作「害傷也」，今據補。

〔二六〕影宋本無「行」，據顧本補。

〔二七〕顧本「人」作「民」。

〔二八〕S三九二六此句作「清己已害人」。

〔二九〕顧本無「直」。

〔三〇〕影宋本「申」下原有「之」字，據顧本、强本、意林、S三九二六、P二六三九、道藏本與取善集删。

〔三一〕意林與道藏本「曜」並作「耀」。

〔三二〕意林無「聖人」二字。又影宋本「見」誤作「知」，P二六三九作「智」，據顧本、意林與道藏本改。案第四章、五十六章「和其光」句之注亦作「雖有獨見之明」，可證此處應作「見」。

〔三三〕案影宋本及各本此句首「當」字均作「常」，意林無「常」。考第四章「和其光」句注作「當如闇昧」，五十六章注作「當和之使闇昧」，則此處亦應作「當」，今據改。

〔三四〕顧本、强本、集注本、道藏本「曜」並作「耀」。又第四章注作「不當以曜亂人也」。

守道第五十九

治人，

謂人君欲治理人民〔一〕。

事天，

事，用也。當用天道，順四時。

莫若嗇。

嗇，愛惜也〔二〕。治國者當愛〔惜〕民財〔三〕，不爲奢泰〔四〕。治身者當愛〔惜〕精氣〔五〕，不〔爲〕放逸〔六〕。

夫唯嗇，是謂早服。

早，先也。服，得也〔七〕。夫獨愛〔惜〕民財〔八〕，愛〔惜〕精氣〔九〕，則能先得天道也〔一〇〕。

早服謂之重積德。

先得天道，是謂重積德於己也。

重積德則無不剋〔一一〕，

剋，勝也〔一二〕。重積德於己〔一三〕，則無不勝〔一四〕。

無不剋則莫知其極〔一五〕，

無不剋勝〔一六〕，則莫有知己德之窮極也〔一七〕。

莫知其極〔則〕可以有國〔一八〕。

莫知己德有極，則可以有社稷，爲民致福。

有國之母，可以長久。

國身同也。母，道也。人能保身中之道，使精氣不勞〔一九〕，五神不苦，則可以長久〔二〇〕。

是謂深根固蔕，

人能以氣爲根〔二一〕，以精爲蔕〔二二〕，如樹根〔二三〕不深則拔〔二四〕，〔菓〕蔕不堅則落〔二五〕。言當深藏其氣〔二六〕，固守其精〔二七〕，無使漏泄〔二八〕。

長生久視之道。

深根固蔕者〔二九〕，乃長生久視之道。

校勘記

〔一〕集注本無「欲」，强本無「欲治」。

〔二〕影宋本誤作「嗇貪也」，道藏本作「嗇愛也」，强本作「嗇儉也」，今從顧本改作「嗇愛惜也」。

〔三〕强本、顧本無「者」字。又「愛惜民財」，影宋本誤作「愛民則」，今從强本補「惜」字，又從强本、顧本、道藏本、P二六三九、S三九二六及集注本改「則」作「財」。

〔四〕影宋本「泰」作「黍」，據顧本、强本、道藏本與集注本改。

〔五〕顧本無「者」字。强本、P二六三九與S三九二六無「當」。影宋本原無「惜」字，據强本補。又强本「氣」作「炁」。

〔六〕影宋本無「爲」字，據道藏本與S三九二六補。又道藏本「不」上有「而」字。

〔七〕强本、S三九二六、集注本「得」並作「德」。

〔八〕影宋本此句原無「惜」字，顧本作「夫儉愛民財則人安」，强本作「夫能愛惜民財」。今從强本補「惜」字。

〔九〕影宋本無「惜」，據顧、强本補。

〔一〇〕强本無「則」字。

〔一一〕〔一五〕S三九二六、范應元本兩「剋」字並作「克」。

〔一二〕顧本、强本、S三九二六、集注本「剋」字皆作「克」。

〔一三〕顧本無「重」字，S三九二六「重」字下有「種」字。

〔一四〕强本「勝」字作「服」。

〔一六〕强本、顧本與集注本「剋」字均作「克」。S三九二六無「剋」字。

〔一七〕顧本「莫」字下無「有」字。

〔一八〕影宋本漏「則」字，據S三九二六與范應元本補。

〔一九〕P二六三九「精氣」作「精神」。

〔二〇〕S三九二六「長久」作「長生」。

〔二一〕顧本「氣」字作「炁」。意林此句作「人以氣作根」。

〔二二〕意林此句作「以精作蒂」。

〔二三〕顧本「樹根」作「樹木根」。

〔二四〕影宋本「拔」字誤作「枝」，據顧本、强本、意林、S三九二六、P二六三九、道藏本與天禄本改正。

〔二五〕影宋本漏「菓」字，據P二六三九補。

〔二六〕强本「言」下有「人」字。意林「當」作「能」，P二六三九無「當」字。意林無「其」字。

〔二七〕意林無「其」字。P二六三九無「守」字。

〔二八〕影宋本作「使無漏泄」，顧、强二本作「無使泄漏也」，P二六三九作「无使洩漏也」，意林作「無所世漏」。今從S三九二六改「使無」爲「無使」。

〔二九〕顧本「固」作「堅」。意林無此句。

老子德經河上公章句卷四

居位第六十

治大國若烹小鮮〔一〕。

鮮，魚〔也〕〔二〕。烹小魚不去腸〔三〕，不去鱗〔四〕，不敢撓，恐其糜也。治國煩則下亂，治身煩則精散〔五〕。

以道莅天下〔六〕，其鬼不神。

以道德居位治天下〔七〕，則鬼不敢見其精神以犯人也〔八〕。

非其鬼不神，其神不傷人。

其鬼非無精神，邪不入正〔九〕，不能傷自然之人〔一〇〕。

非其神不傷人，聖人亦不傷〔人〕〔一一〕。

非鬼神不能傷害人〔一二〕。以聖人在位不傷害人〔一三〕，故鬼〔神〕〔一四〕不敢干之也〔一五〕。

夫兩不相傷，

鬼與聖人俱兩不相傷也〔一六〕。

故德交歸焉〔一七〕。

夫兩不相傷〔一八〕，〔則〕人得治於陽〔一九〕，鬼得治於陰；人得全其性命，鬼得保其精神，故德交歸焉〔二〇〕。

校勘記

〔一〕S三九二六「烹」字作「享」。

〔二〕據P二六三九、治要、S三九二六、顧本與道藏本補「也」字。

〔三〕S三九二六「烹」作「享」。顧本「魚」下有「者」字。

〔四〕顧本「不去鱗」作「不削鱗」。

〔五〕S三九二六「精散」作「氣散」，治要作「精去也」，P二六三九作「精散去」。

〔六〕道藏本「莅」字作「蒞」。治要、意林、P二六三九、S三九二六句末皆有「者」字。

〔七〕道藏本「治」字作「蒞」。S三九二六句末有「者」字。

〔八〕顧本「鬼」字下有「神」字。危大有本「見」字作「現」。意林此句作「鬼不敢干犯其精神」。

〔九〕影宋本「邪」字誤作「非」，據顧本、治要、强本、P二六三九與集注本改正。S三九二六「邪」字作「耶」。

〔一〇〕治要、强本、S三九二六、集注本與P二六三九「人」字均作「民」。

〔一一〕影宋本漏句末「人」字。馬叙倫曰：「論河上注曰：『以聖人在位不傷害人』，是河上有『人』字。」案馬説是，今據P二

六三九、S三九二六、道藏本與治要補「人」字。又P二六三九「亦」字作「之」。

〔二〕顧本、S三九二六「非」字下並有「其」字。道藏「害人」作「害於人」。

〔三〕意林無句首「以」字。道藏本「不傷害人」作「不敢傷人」。

〔四〕影宋本漏「神」字，據S三九二六與道藏本補。强本「鬼神」作「鬼亦」。

〔五〕强本、顧本、治要、S三九二六、P二六三九均無「之」字。意林「不敢干之」作「不干人」，道藏本作「不敢干人」。

〔六〕顧本「俱兩」作「兩俱」。强本、道藏本無「兩」。

〔七〕S三九二六「德」作「得」。

〔八〕顧本作「夫不相傷者」。

〔九〕影宋本無「則」字，據顧本、强本、S三九二六與P二六三九補。

〔一〇〕道藏本無「德」字，天禄本「德」字作「得」。S三九二六「德交歸焉」作「得交歸」，P二六三九作「交得歸焉」。又意林此段注文作「人能治於陽，全其性命，鬼得治於陰，保其精神，故德交歸也」。

謙德第六十一

大國者下流，

治大國〔者〕〔一〕，當如〔江海〕居下流〔二〕，不逆細微〔三〕。

天下之交，

大國〔者〕〔四〕，天下士民之所交會〔五〕。

天下之牝。

牝者，陰類也。柔謙和而不唱也〔六〕。

牝常以靜勝牡，

女所以能屈男〔七〕，陰勝陽〔八〕，以〔其〕安靜〔九〕，不先求之也〔一〇〕。

以靜爲下。

陰道以安靜爲謙下〔一一〕。

故大國以下小國，則取小國；小國以下大國，則取大國〔一二〕。

能謙下之〔一三〕，則常有之〔一四〕。此言國無大小〔一五〕，能執謙畜人，則無過失也。

或下以取，或下而取〔一六〕。

下者謂大國以下小國，小國以下大國，更以義相取〔一七〕。

大國不過欲兼畜人，

大國不失下〔一八〕，則兼并小國而牧畜之〔一九〕。

小國不過欲入事人。

入爲臣僕〔二〇〕。

夫兩者各得其所欲〔二一〕，大者宜爲下〔二二〕。

大國小國各欲得其所〔二三〕，大國又宜爲謙下〔二四〕。

校勘記

〔一〕影宋本無「者」，據S三九二六與取善集補。

〔二〕影宋本漏「江海」二字，據顧本、S三九二六與取善集補。又道藏本此句作「治大國如江海者居下流」。

〔三〕顧本與S三九二六「細」字上有「於」。S三九二六「逆」作「逆」。P二六三九「微」字作「流」。

〔四〕影宋本無「者」，據顧本、强本、S三九二六補。

〔五〕道藏本「士」字上多一「之」字。

〔六〕影宋本「唱」作「昌」，道藏本作「倡」，集注本作「愠」，今從顧、强二本與S三九二六、P二六三九改正。

〔七〕「能屈男」，影宋本誤作「勝屈於男」，集注本作「屈於男」，强本、P二六三九、S三九二六均作「能屈男」，顧本作「能屈男者」，道藏本與西域殘片作「能屈於男」。今從强本與敦煌本。

〔八〕道藏本作「勝陰陽」，西域殘片作「隱勝陽」。取善集句末有「者」字。

〔九〕影宋本誤作「以安盡」。今據强本、顧本、P二六三九、S三九二六補「其」字。又據顧本、强本、S三九二六、P二六三九、道藏本、集注本與取善集改「盡」爲「静」。

〔一〇〕P二六三九、S三九二六、顧本、强本與取善集皆無「之」字。

〔一一〕道藏本無「静爲謙下」四字。

〔一二〕西域殘片「取」下有「於」字。道藏本與P二六三九「取」字並作「聚」。

〔一三〕顧本「之」作「者」。

〔一四〕顧本「有」作「取」。

〔一五〕顧本與道藏本「大小」倒作「小大」。

〔一六〕P二六三九「而取」作「而聚」，道藏本作「以聚」。

〔一七〕强本「義」下有「讓」字。

〔一八〕影宋本「不失下」誤作「不可失」，據顧本、道藏本、集注本與取善集改正。

〔一九〕影宋本「小國」誤作「人國」，據顧本、强本、道藏本、集注本與取善集改正。據顧本「牧」作「取」。

〔二〇〕影宋本「入」誤作「使」，道藏本作「欲」，今從S三九二六改作「入」。

〔二一〕P二六三九與S三九二六均無「夫兩者」。

〔二二〕道藏本「大」上有「故」字。

〔一三〕道藏本句末多一「欲」字。

〔一四〕道藏本「又宜爲謙下」作「尤宜謙下也」。

爲道第六十二

道者萬物之奥，

奥，藏也。道爲萬物之藏〔一〕，無所不容也。

善人之寶，

善人以道爲身寶〔二〕，不敢違也〔三〕。

不善人之所保。

道者，不善人之〔所〕保倚也〔四〕。遭患逢急〔五〕，猶知自悔卑下〔六〕。

美言可以市，

美言者獨可於市耳〔七〕，夫市交易而退〔八〕，不相宜善言美語〔九〕，求者欲疾得〔一〇〕，賣者欲疾售也〔一一〕。

尊行可以加人。

加，别也。人有尊貴之行，可以别異於凡人〔一二〕，未足以尊道。

人之不善，何棄之有。

人雖不善，當以道化之〔一三〕。蓋三皇之前〔一四〕，無有棄民〔一五〕，德化淳也〔一六〕。

故立天子，置三公，

欲使教化不善之人〔一七〕。

雖有拱璧以先駟馬，不如坐進此道。

雖有美璧先駟馬而至〔一八〕，故不如坐進此道〔一九〕。

古之所以貴此道者〔二〇〕，何不日以求得〔二一〕？

古之所以貴此道者〔二二〕，不日日遠行求索〔二三〕，近得之於身。

有罪以免耶，

有罪謂遭亂世〔二四〕，闇君妄行刑誅，修道則可以解死〔二五〕，免於衆耶也〔二六〕。

故爲天下貴。

道德洞遠〔二七〕，无不覆濟，全身治國，恬然無爲，故可爲天下貴也〔二八〕。

校勘記

〔一〕道藏本「爲」作「以」。

〔一〕道藏本「身」下有「之」。

〔三〕顧本作「故不敢違失也」，P二六三九作「不敢違者」。

〔四〕影宋本漏「所」字，據S三九二六、P二六三九、顧本、强本、治要、道藏本與集注本補。

〔五〕顧本、S三九二六句首有「謂」字。

〔六〕影宋本「知自」倒作「自知」，據顧本、强本、S三九二六、治要改正。道藏本此句作「猶能知自悔卑柔也」，P二六三九作「猶知自誨卑下之」。

〔七〕强本無句末「耳」字。道藏本此句作「美言可以市者」。

〔八〕S三九二六兩句作「美言者，可以於市交易而退。」

〔九〕道藏本「善」上有「售」，顧本「善」下有「美」。

〔一〇〕强本與S三九二六「欲疾得」作「疾欲得」。

〔一一〕集注本「賣者」作「賈者」。强本「欲疾售」作「疾欲售」。

〔一二〕影宋本「別異」誤作「凡異」，顧本、强本、P二六三九、S三九二六作「自別異」，今從道藏本、集注本與天禄本改作「別異」。

〔一三〕P二六三九，「道」字上有「善」字。意林「化」字作「伏」。

〔一四〕顧本「前」字作「時」。

〔一五〕集注本「無有」作「何有」。P二六三九「民」字作「人」。

〔一六〕意林「淳」字作「厚」。

〔一七〕「欲使教化」，意林作「欲化」。P二六三九、S三九二六、顧本與意林均無句末「之」字。

〔一八〕「美璧先」，强本作「拱璧先」，道藏本作「美玉以先」。

〔一九〕S三九二六無句首「故」字。

〔二〇〕道藏本「所以貴」作「所貴」。

〔二一〕S三九二六、道藏本「以求」作「求以」。

〔二二〕强本無「之」字。

〔二三〕集注本「日日」作一「日」字。

〔二四〕道藏本「有罪」下有「者」字。

〔二五〕顧本無「則」字，「解死」作「解怨」，道藏本作「解死厄」，强本作「解死也」。

〔二六〕顧本「耶」字作「邪」。

〔二七〕顧本「洞遠」作「洞達」。

〔二八〕道藏本「可」下有「以」。P二六三九「貴」字下有「之」字。

恩始第六十三

爲無爲，

因成循故〔一〕，無所造作〔二〕。

事無事，

〔不〕預設備〔三〕，除煩省事也。

味無味。

深思遠慮，味道意也〔四〕。

大小多少。

陳其戒令也。欲大反小，欲多反少，自然之道也〔五〕。

報怨以德。

脩道行善〔六〕，絶禍於未生也〔七〕。

圖難於其易〔八〕，

欲圖難事〔九〕，當於易時〔一〇〕，未及成也〔一一〕。

爲大於其細。

欲爲大事，必作於小〔一二〕，禍亂從小來也。

天下難事必作於易，天下大事必作於細。

〔從易生難，從細生著〕〔一三〕。

是以聖人終不爲大〔一四〕，故能成其大。

處謙虚〔一五〕，天下共歸之也。

夫輕諾必寡信，

不重言也〔一六〕。

多易必多難。

不慎患也。

是以聖人猶難之，

聖人動作舉事，猶〔猶〕進退〔一七〕，重難之，欲塞其源也〔一八〕。

故終無難。

聖人終身無患難之事，由避害深也〔一九〕。

校勘記

〔一〕影宋本原作「因成脩故」，强本作「因成修之」，顧本作「因循而成」，今從S三九二六改作「因成循故」。

〔二〕道藏本「造作」作「改作」，S三九二六作「造爲」。

〔三〕影宋本原作「豫有備」，强本、P二六三九、S三九二六作「豫設備」，道藏本作「預設備」，皆與經文之義不合，今從顧本改作「不預設備」。

〔四〕顧本作「味道之意」。

〔五〕强本與P二六三九皆無「之」。

〔六〕顧本作「行善修道」，明本意林作「修身行善」。

〔七〕道藏本「未生」作「未萌」。

〔八〕意林與天禄本無「其」。

〔九〕道藏本無「欲圖」，意林無「欲」。集注本「欲圖」作「欲同」。

〔一〇〕意林作「先於其時」。

〔一一〕道藏意林作「求成也」，明本意林作「未成也」。

〔一二〕S三九二六「於小」作「於細」。P二六三九「欲爲」作「欲作」。

〔一三〕此二句注僅集注本有，影宋本及其餘各本均無，疑係宋人所加，今姑存之。又顧本有注文「明上文所預圖」。

〔一四〕道藏本「聖人」作「大人」。

〔一五〕强本無「虛」，P二六三九「虛」字作「卑」。

〔一六〕P二六三九作「不重言思」。

〔一七〕影宋本少一「猶」字，據S三九二六補。

〔一八〕道藏本「源」上有「故」。

〔一九〕影宋本「由」作「猶」，據S三九二六、P二六三九、顧本、强本、治要與道藏本改。

守微第六十四

其安易持，

治身治國安靜者〔一〕，易守持也。

其未兆易謀，

情欲禍患未有形兆〔之〕時〔二〕，易謀止也〔三〕。

其脆易破〔四〕，

禍亂未動於朝〔五〕，情欲未見於色〔六〕，如脆弱易破除〔也〕。

其微易散。

其〔事〕未彰著〔七〕，微小易散去也。

爲之於未有，

欲有所爲〔八〕，當於〔九〕未有萌芽之時〔一〇〕，〔豫〕塞其端也〔一一〕。

治之於未亂。

治身治國，〔當〕於未亂之時〔一三〕，豫閉其門也〔一二〕。

合抱之木，生於毫末〔一四〕；

從小成大〔一五〕。

九層之臺，起於累土；

從卑立高〔一六〕。

千里之行，始於足下。

從近至遠。

爲者敗之，

有爲於事，廢於自然；有爲於義，廢於仁〔慈〕〔一七〕；有爲於色，廢於精神也。

執者失之。

執利遇患，執道全身〔一八〕，堅持不得，推讓反還〔一九〕。

聖人無爲故無敗，

聖人不爲華文〔二〇〕，不爲色利〔二一〕，不爲殘賊〔二二〕，故無敗壞〔二三〕。

无執故無失〔二四〕。

聖人有德以教愚，有財以與貧，无所執藏，故無所失於人也。

民之從事，常於幾成而敗之，

從，爲也。民之爲事〔二五〕，常於〔其〕功德幾成〔二六〕，而貪位好名〔二七〕，奢泰〔二八〕盈滿而敗之也〔二九〕。

愼終如始，則無敗事。

終當如始，不當懈怠〔三〇〕。

是以聖人欲不欲〔三一〕，

聖人欲人所不欲〔三二〕。人欲彰顯，聖人欲伏光〔三三〕；人欲文飾，聖人欲質朴；人欲〔於〕色〔三四〕，聖人欲於德〔三五〕。

不貴難得之貨；

聖人不眩〔晃〕爲服〔三六〕，不賤石而貴玉〔三七〕。

學不學，

聖人學人所不能學〔三八〕。人學智詐，聖人學自然；人學治世，聖人學治身，守道真也。

復衆人之所過，

衆人學問〔皆〕反〔三九〕，過本爲末，過實爲華。復之者，使反本〔實〕也〔四〇〕。

以輔萬物之自然，

教人反本實者，欲以輔助萬物自然之性也〔四一〕。

而不敢爲〔四二〕。

聖人動作因循，不敢有所造爲，恐遠本也〔四三〕。

校勘記

〔一〕「治身治國」，意林倒作「治國治身」。

〔二〕影宋本漏「之」，據顧本補。

〔三〕影宋本「止」誤作「正」，據顧本、强本、治要、P二六三九、S三九二六、道藏本與集注本改正。

〔四〕釋文云：「其脆，河上本作膬。」案脆膬二字義同。

〔五〕「未動於朝」，强本作「未動於萌」，道藏本作「未至萌」，顧本作「未動於朝夕」。

〔六〕顧本「色」上有「形」。

〔七〕影宋本無「事」，據顧、强二本補。

〔八〕集注本無「所」。

〔九〕治要、P二六三九、强本「於」作「以」。

〔一〇〕影宋本「萌芽」作「萌牙」，據顧本、强本、集注本與道藏本改。

〔一一〕影宋本無「豫」，據S三九二六補。

〔一二〕影宋本「當」字原在句末「時」字之下，今從S三九二六移至句首。

〔一三〕P二六三九、顧本、道藏本「豫」作「預」，集注本作「塞」。又P二六三九、S三九二六「閉」作「閇」。

〔一四〕S三九二六「毫」借作「豪」。

〔一五〕强本「小」下有「以」。

〔一六〕影宋本「立」作「至」，據顧本、P二六三九與集注本改。

〔一七〕影宋本誤作「反於仁」强本、道藏本、S三九二六與集注本均作「廢於仁」，顧本作「廢於慈仁」，今從P二六三九作「廢於仁慈」。

〔一八〕顧本此句作「執敵失身」。

〔一九〕顧本「反還」作「返還」，道藏本作「還及」。

〔二〇〕道藏本「華文」倒作「文華」。

〔二一〕道藏本「色利」作「已利」，治要、P二六三九、顧本作「利色」。

〔二二〕顧本與S三九二六「殘賊」作「殘害」。P二六三九此句作「故不殘」。治要無此句。

〔二三〕影宋本「敗壞」倒作「壞敗」，據治要、P二六三九、顧本與集注本改。又强本此段注作「聖人不爲華文，故無敗，不爲利色，故無壞也」。

〔二四〕强本與P二六三九此句首有「聖人」。

〔二五〕影宋本「之」字誤作「人」，據P二六三九、顧本、强本與道藏本改。

〔二六〕影宋本漏「其」，據S三九二六、P二六三九、强本與治要補。

〔二七〕强本無「而」。P二六三九「而」字作「由於」。

〔二八〕道藏本「奢」上有「而」。

〔二九〕影宋本「敗之」作「自敗」，顧本與道藏本作「自敗之」，今從强本與P二六三九、S三九二六改作「敗之」。

〔三〇〕道藏本「不當」作「不致」，顧本作「不終」。

〔三一〕道藏本「欲不欲」作「終不欲」。

〔三二〕顧本句末有「者」。

〔三三〕顧本、道藏本「伏光」作韜光」。

〔三四〕影宋本漏「於」字，據S三九二六、P二六三九、强本、治要與道藏本補。顧本此句作「衆人欲於財色」。

〔三五〕顧本「德」上有「道」。

〔三六〕「不眩晃爲服」，影宋本誤作「不眩爲服」。今據顧本、强本、P二六三九、道藏本與S三九二六補「晃」字。又據顧本與道藏本「服」下有「玩」字。

〔三七〕道藏本無「而」字。

〔三八〕顧本句末有「者」字。

〔三九〕影宋本無「皆」，據道藏本補。强本無「皆反」二字。

〔四〇〕影宋本原無「實」，據顧本補。道藏本作「使反本實者也」。

〔四一〕治要無「助」。道藏本無「性也」。

〔四二〕强本、治要、S三九二六句末均有「焉」。

〔四三〕顧本與道藏本「遠本」並作「離本」，P二六三九作「違本」

淳德第六十五

古之善爲道者，非以明民，將以愚之〔一〕。

說古之善以道治身及治國者〔二〕，不以道教民〔三〕明智巧詐也〔四〕，將以道德教民〔五〕，使質朴不詐僞〔六〕。

民之難治，以其智多。

〔民之所以難治者〕〔七〕，以其智〔太〕多〔八〕而爲巧僞〔九〕。

以智治國，國之賊；

使智慧之人治國之政事〔一〇〕，必遠道德〔一一〕，妄作威福〔一二〕，爲國之賊也〔一三〕。

不以智治國，國之福。

不使智慧之人治國之政事〔一四〕，則民守正直〔一五〕，不爲邪飾〔一六〕，上下相親，君臣同力，故爲國之福也。

知此兩者亦楷式〔一七〕。

兩者謂智與不智也〔一八〕。常能〔知〕智者爲賊〔一九〕，不智者爲福〔二〇〕，是治身治國之法式也。

常知楷式，是謂玄德。

玄，天也。〔常〕能知治身治國之法式〔二一〕，是謂與天同德也。

玄德深矣、遠矣，

玄德之人深不可測〔二二〕，遠不可及也。

與物反矣。

玄德之人與萬物反異，萬物欲益己〔二三〕，玄德〔欲〕施與人也〔二四〕。

乃至大順〔二五〕。

玄德〔之人〕與萬物反異〔二六〕，故能至大順。順天理也〔二七〕。

校勘記

〔一〕S三九二六無「將以愚之」四字。

〔二〕影宋本句首「説」字誤作「治」，據强本、治要、P二六三九、S三九二六、道藏本與集注本改正。顧本「説」字作「謂」。

〔三〕治要句首「不」字作「非」。P二六三九「民」字作「人」。

〔四〕强本「明」字上有「使」字。治要「智」字作「知」。顧本、强本、治要及P二六三九「巧詐」皆作「奸巧」。S三九二六無此句注。

〔五〕S三九二六「將以」作「不以」。P二六三九「民」字作「人」。

〔六〕影宋本「質朴」倒作「朴質」，據顧本、治要、P三九二六與道藏本改。又P二六三九句末有「焉」字。

〔七〕影宋本漏此句注，據S三九二六補。又P二六三九與强本此句作「民不可治理者」，道藏本作「民之不可治理者」。

〔八〕影宋本漏「太」字，據S三九二六、P二六三九、顧本、强本、治要及道藏本補。又P二六三九「智」字作「知」。

〔九〕影宋本「而」字誤作「故」，道藏本作「必」，今從顧本、强本、P二六三九、S三九二六與治要改。又P二六三九無「爲」字。

〔一〇〕影宋本「智慧」作「智惠」，據顧本、强本、意林、S三九二六與集注本改。又道藏本「治國」作「理國」。顧本「之政事」

作「政之事」，S三九二六作「之正事」，治要、意林、强本均無「之政事」三字。

〔一一〕意林「遠」字作「背」。

〔一二〕顧本「妄」字作「忘」，天禄本作「交」。又道藏本「威」字作「禍」。

〔一三〕道藏本「爲」字上有「而」。P二六三九「爲」字作「是」，意林作「乃是」。

〔一四〕影宋本「慧」字作「惠」，據顧本、强本、S三九二六與集注本改。又影宋本「治」字作「知」，據顧本、强本、道藏本與集注本改。

〔一五〕意林無「則」。S三九二六「民」字作「人」。

〔一六〕意林「不爲」作「不作」。S三九二六、P二六三九「邪」字作「耶」。

〔一七〕P二六三九「亦楷式」作「是謂楷式」。

〔一八〕S三九二六無「兩者」之「者」字 又影宋本句末「也」字作「者」，據S三九二六、P二六三九、顧本、强本、道藏本與取善集改。

〔一九〕影宋本漏「知」字，據顧本、强本、道藏本、取善集與P二六三九補。又集注本無「常能知」三字，「智者爲賊」作「智者能爲賊」，顧本作「智爲賊」，道藏本作「智者賊」。

〔二〇〕影宋本此句原作「不智者能爲福」，顧本作「不智爲福」，道藏本作「不智者福」，今從P二六三九、S三九二六與取善集改作「不智者爲福」。

〔二一〕影宋本漏句首「常」字，據S三九二六補。又影宋本「治身」之下多一「及」字，據S三九二六、道藏本與取善集删去。又顧本「治身治國」倒作「治國治身」。

〔二二〕影宋本「測」字誤作「則」，據P二六三九、S三九二六、顧本、强本、道藏本與集注本改正。

〔二三〕顧本「欲益己」作「欲益於己」。

〔二四〕影宋本漏「欲」字，據P二六三九、S三九二六、顧本、强本與道藏本補。又强本無「與」字。

〔二五〕影宋本「至」字下有「於」字，據强本、P二六三九、S三九二六、道藏本删去。又道藏本句首「乃」字上有「然後」二字。

〔二六〕影宋本漏「之人」二字，據顧本補。

〔二七〕道藏本此句作「大順者，天理也」。

後己第六十六

江海所以能爲百谷王者〔一〕，以其善下之，故能爲百谷王。

江海以卑〔下〕〔二〕，故衆流歸之〔三〕，若民歸就王〔者〕〔四〕，以卑下〔五〕，故能爲百谷王也。

是以聖人欲上民〔六〕，

欲在民〔之〕上也〔七〕。

必以〔其〕言下之〔八〕，

法江海，處謙虚。

欲先民，

欲在民之前也〔九〕。

必以〔其〕身後之〔一〇〕。

先人而後己也。

是以聖人處上而民不重〔一一〕，

聖人在民上爲主〔一二〕，不以尊貴虐下〔一三〕，故民戴〔仰〕而不〔以〕爲重〔一四〕。

處前而民不害，

聖人在民前，不以光明蔽後，民親之若父母，無有欲害之心也〔一五〕。

是以天下樂推而不厭。

聖人恩深愛厚，視民如赤子〔一六〕，故天下樂〔共〕推進以爲主〔一七〕，無有厭〔之者〕〔一八〕。

以其不爭〔一九〕，故天下莫能與之爭。

天下無厭聖人〔之〕時〔二〇〕，是由聖人不與人爭先後也〔二一〕。言人皆〔爭〕有爲〔二二〕，無有與吾爭無爲〔者〕〔二三〕。

校勘記

〔一〕治要無「者」。

〔二〕影宋本漏「下」，據顧本、强本、治要、道藏本、P二六三九與S三九二六補。

〔三〕顧本「流」下有「共」。

〔四〕影宋本原作「若民歸就王」，强本與P二六三九作「若人歸就王者」，道藏本作「若民歸就於王也」，顧本作「若人民歸就王者也」。今從治要與S三九二六補「者」字。

〔五〕顧本「以」下有「其」。道藏本作「直以就下」。

〔六〕顧本、治要與P二六三九「民」均作「人」。

〔七〕影宋本漏「之」，據顧本、强本、道藏本、治要、P二六三九、S三九二六與取善集補。又P二六三九、取善集「民」作「人」。

〔八〕影宋本「必以其」作「必以」，强本作「以其」，今從P二六三九作「必以其」。

〔九〕取善集「民」作「人」。

〔一〇〕影宋本無「其」，據P二六三九補。

〔一一〕道藏本「處上而民」作「處民上而」。

〔一二〕取善集「主」作「王」。

〔一三〕影宋本「慮」誤作「虛」，集注本作「謔」，今從S三九二六、P二六三九、顧本、强本、治要、道藏本與取善集改。

〔一四〕影宋本原作「故民戴而不爲重」，顧本、强本、治要、P二六三九、S三九二六與道藏本作「故民戴仰不以爲重」。今從取善集作「故民戴仰而不以爲重」。

〔一五〕道藏本「欲害」作「傷害」。顧本、强本、治要、P二六三九、S三九二六「心」均作「者」。

〔一六〕顧本、强本、P二六三九、S三九二六「如」字均作「若」。

〔一七〕影宋本無「共」，據顧本、强本、P二六三九、S三九二六與道藏本補。又P二六三九無「進」字。

〔一八〕影宋本「厭之者」作「厭也」，顧本作厭之也」，今從强本、S二六三九、S三九二六與道藏本改。

〔一九〕S三九二六「以」上有「非」。

〔二〇〕影宋本無「之」，據道藏本補。

〔二一〕S三九二六此句作「是非聖人不與人爭之所致」。P二六三九無「由」字。

〔二二〕影宋本漏「爭」，據强本、P二六三九、S三九二六補。又顧本與道藏本「爭有爲」作「爭於有爲」，集注本作「爭自爲」。

〔二三〕影宋本誤作「無爭與吾爭無爲」，天禄本與集注本作「無與吾爭無爲」，道藏本作「無有爭於無爲也」，强本作「無與吾爭無爲者也」。P二六三九作「無與吾爭無爲者矣也」。今從顧本與S三九二六改作「無有與吾爭無爲者」。

三寶第六十七

天下皆謂我大〔一〕，似不肖。

老子言〔二〕：天下〔皆〕謂我德大〔三〕，我則佯愚似不肖〔四〕。

夫唯大，故似不肖。

唯獨〔五〕名德大者爲身害〔六〕，故佯愚似若不肖〔七〕。無所分別，無所割截，不賤人而自貴。

若肖久矣。

肖，善也〔八〕。謂辨惠也〔九〕。若大辨惠之人〔一〇〕，身高自貴〔一一〕，行察察之政，所從來久矣〔一二〕。

其細〔也夫〕〔一三〕。

言辨惠者〔一四〕唯如小人，非長者〔矣〕〔一五〕。

我有三寶〔一六〕，持而保之〔一七〕：

老子言〔一八〕：我有三寶，抱持而保倚〔之〕〔一九〕。

一曰慈，

愛百姓若赤子〔二〇〕。

二曰儉，

賦歛若取之於己也〔二一〕。

三曰不敢爲天下先。

執謙退，不爲倡始也〔二二〕。

慈故能勇〔二三〕，

以慈仁〔二四〕，故能勇於忠孝也〔二五〕。

儉故能廣，

天子身能節儉〔二六〕，故民日用廣矣〔二七〕。

不敢爲天下先，

不〔敢〕爲天下首先〔二八〕。

故能成器長〔二九〕。

成器長〔三〇〕，謂得道人也。我能爲道人之長也〔三一〕。

今舍〔其〕慈且勇〔三二〕，

今世人舍〔其〕慈仁〔三三〕，但爲勇武〔三四〕。

舍〔其〕儉且廣〔三五〕，

舍其儉約〔三六〕，但爲奢泰〔三七〕。

舍〔其〕後且先〔三八〕，

舍其後己〔三九〕，但爲人先〔四〇〕。

死矣，

所行如此，動入死地〔四一〕。

夫慈，以戰則勝，以守則固。

夫慈仁者〔四二〕，百姓親附，并心一意〔四三〕，故以戰則勝敵〔四四〕，以守衛則堅固〔四五〕。

天將救之〔四六〕，以慈衛之。

天將救助善人，必與慈仁之性〔四七〕，使能自營助也〔四八〕。

校勘記

〔一〕馬叙倫據河上注文，謂此處「我大」應作「我德大」或「我道大」。

〔二〕集注本「老子」作「老君」。

〔三〕影宋本漏「皆」，據S三九二六、顧本、道藏本補。又顧本、強本「德大」作「道大」。

〔四〕顧本「似」字下有「於」，S三九二六有「若」字。

〔五〕顧本、强本、P二六三九「唯獨」作「夫獨」，道藏本作「夫自」。

〔六〕顧本「爲」上有「則」。道藏本「身」下有「之」。

〔七〕S三九二六無「若」。

〔八〕成玄英引河上云：「肖者，猶善也」。

〔九〕〔一〇〕〔一四〕顧本、强本、P二六三九、S三九二六、道藏本三「辨」字均作「辯」。强本與S三九二六諸「惠」字均作「慧」。案作「辯慧」近是。

〔一一〕顧本與道藏本作「身自高貴」。

〔一二〕S三九二六無「矣」。

〔一三〕影宋本原作「其細」，S三九二六作「其細也」，今據P二六三九、强本與道藏本補「也夫」。

〔一五〕影宋本無「矣」，據P二六三九、S三九二六與顧本補。

〔一六〕影宋本句首原有「夫」字，案此「夫」字當在上句「其細」之末，今據道藏本與治要刪。

〔一七〕影宋本「保之」誤作「寳之」。馬敍倫曰：「然河上注曰：『抱持而保倚之』，是河上作『持而保之』。」案馬說是，今從治要、P二六三九、S三九二六、道藏本改正。

〔一八〕强本「老子」作「老君」。

〔一九〕影宋本漏「之」，據S三九二六、P二六三九、顧本、强本、治要與道藏本補。

〔二〇〕顧本、道藏本「若」並作「如」。

〔二一〕影宋本「歛」誤作「儉」，顧本作「斂」，今從S三九二六、P二六三九、强本、治要、道藏本、集注本與天禄本改正。

〔二二〕S三九二六、治要與顧、强二本「倡」均作「唱」。

〔二三〕道藏本句首有「夫」。S三九二六「慈」作「玆」。

〔二四〕影宋本誤作「以爲仁」，道藏本作「先以慈仁」，今據S三九二六、P二六三九、顧本、强本與治要改正。

〔二五〕道藏本「故能」作「故乃」。

〔二六〕治要無「天子」。

〔二七〕顧本「廣矣」作「廣大」，强本與治要作「寬廣」。S三九二六此句作「故民用日廣」。

〔二八〕影宋本原作「不爲天下首先」，今據P二六三九、顧本、强本補「敢」字。又P二六三九「首」字上有「之」字。

〔二九〕馬敍倫據河上注以爲此句應作「故能爲成器長」。

〔三〇〕S三九二六無「成器」二字。

〔三一〕S三九二六無「之」字。

〔三二〕影宋本「舍」作「捨」，據S三九二六、治要與道藏本改。又此句及「舍其儉且廣，舍其後且先」二句，影宋本均無「其」字。馬敍倫據河上注文以爲當有「其」，其説是。今據道藏本、S三九二六補此句「其」字。

〔三三〕影宋本無「其」，據S三九二六補。又强本「舍」作「捨」。顧本此句作「今世捨慈仁」，P二六三九作「今世之人舍慈仁」。

〔三四〕顧本無「但」，P二六三九「但」字作「且」，「勇武」作「武勇」。

〔三五〕〔三八〕P二六三九、强本兩「舍」並作「捨」。影宋本二句均無「其」，據道藏本補。

〔三六〕〔三九〕P二六三九、顧本、强本兩「舍」字並作「捨」。

〔三七〕集注本「奢泰」作「奢華」。S三九二六無「爲」。

〔四〇〕道藏本作「但務先人」。

〔四一〕顧本、强本、S三九二六、治要、道藏本「死地」均作「死道」。

〔四二〕集注本「仁」作「人」。

〔四三〕顧本、强本「并」作「併」。

〔四四〕治要無「以」。

〔四五〕强本無「以」。

〔四六〕P二六三九、道藏本「救之」下有「以善」二字。

〔四七〕集注本「仁」作「人」，P二六三九作「心」。

〔四八〕影宋本「營」誤作「當」，據S三九二六、P二六三九、顧本、强本、道藏本、集注本與取善集改正。又S三九二六無

「能」字，P二六三九「能」字作「相」。

配天第六十八

善爲士者不武〔一〕，

言貴道德〔二〕，不好武力也〔三〕。

善戰者不怒，

善以道戰者，禁邪於胷心〔四〕，絶禍於未萌，無所誅怒也〔五〕。

善勝敵者不與〔六〕，

善以道勝敵者，附近以仁，來遠以德〔七〕，不與敵爭〔八〕，而敵自服也〔九〕。

善用人者爲下。

善用人自輔佐者〔一〇〕，常爲人執謙下也〔一一〕。

是謂不爭之德，

謂上爲之下也〔一二〕。是乃不與人爭之道德也〔一三〕。

是謂用人之力，

能身爲人下〔者〕〔一四〕，是謂用人臣之力也〔一五〕。

是謂配天，

能行此者，德配天也〔一六〕。

古之極〔一七〕。

是乃古之極要道也〔一八〕。

校勘記

〔一〕道藏本與P二六三九、S三九二六句首有「古之」二字。

〔二〕意林無「言」。

〔三〕顧本「好」作「尚」，集注本作「貴」。强本「武力」作「武功」。

〔四〕S三九二六「邪」作「耶」。顧本「胷心」作「胷中」，S三九二六作「匃心」，意林、道藏本與取善集均作「心胷」。

〔五〕意林「誅怒」作「怨怒」。

〔六〕影宋本「勝敵」誤作「勝戰」，天禄本無「戰」字。今據道藏本與P二六三九改正。又道藏本「與」字下有「爭」。

〔七〕顧本「來」作「求」。

〔八〕顧本、强本、P二六三九、S三九二六「爭」字均作「戰」。

〔九〕顧本「服」作「伏」。

〔一〇〕道藏本無「佐」。

〔一一〕道藏本與取善集「常」作「當」。顧本無「下」。

〔一二〕顧本與道藏本「上」字下有「文」。

〔一三〕顧本、强本、S三九二六、P二六三九、道藏本「爭」字下均有「鬬」字。又道藏本「之道德也」作「是乃道德」，强本無「之」。

〔一四〕影宋本無「者」字，據S三九二六與顧本補。又强本與顧本「能身」並作「身能」。顧本「人」字下有「之」。

〔一五〕道藏本無「臣」。

〔一六〕影宋本「天也」誤作「天地」，據顧本、强本、S三九二六及道藏本改正。P二六三九無「也」字。

〔一七〕强本、道藏本末有「也」字。

〔一八〕「極要道也」，S三九二六作「極約要道」，强本作「極約要道者也」。

玄用第六十九

用兵有言：

陳用兵之道。老子疾時用兵，故託己設其義也〔一〕。

吾不敢爲主，

主，先也。〔我〕不敢先舉兵〔二〕。

而爲客；

客者，和而不倡〔三〕。用兵當承天而後動〔四〕。

不敢進寸，而退尺。

侵人境界，利人財寶，爲進；閉門守城〔五〕，爲退。

是謂行無行，

彼遂不止〔六〕，爲天下賊，雖〔欲〕行誅之〔七〕，不成行列也〔八〕。

攘無臂〔九〕，

雖欲〔攘臂〕大怒〔一〇〕，若無臂可攘也〔一一〕。

仍無敵，

雖欲仍引之〔一二〕，若無敵可仍也〔一三〕。

執無兵。

雖欲執持之〔一四〕，若無兵刃可持用也〔一五〕。何者？傷彼之民罹罪於天〔一六〕，遭不道之君〔一七〕，愍忍喪之痛也〔一八〕。

禍莫大於輕敵，

夫禍亂之害，莫大於欺輕敵家〔一九〕，侵取不休，輕戰貪財也〔二〇〕。

輕敵幾喪吾寶〔二一〕。

幾，近也。寶，身也。欺輕敵家〔二二〕，近喪身也〔二三〕。

故抗兵相加，

兩敵〔相〕戰也〔二四〕。

哀者勝矣〔二五〕。

哀者慈仁〔二六〕，士卒不遠於死〔二七〕。

校勘記

〔一〕集注本「託己」作「託此」。

〔二〕影宋本無「我」，據道藏本與S三九二六補。顧本此句作「我不敢先興兵也」。强本無「我不敢」三字。

〔三〕S三九二六、治要、顧本、强本「倡」皆作「唱」。

〔四〕道藏本無「用」。强本「當」作「常」。

〔五〕顧本「城」下有「池」。

〔六〕危大有本「止」字作「正」。

〔七〕影宋本漏「欲」，據危大有補。

〔八〕影宋本及各本此句原作「不行執也」，於義不通，今據危本改正。

〔九〕S三九二六「臂」字作「辟」。注文同。

〔一〇〕影宋本無「攘臂」二字，據顧本補。道藏本此句作「雖有大怒者」，强本作「不怒」，P二六三九、S三九二六作「大怒」，皆未善。

〔一一〕道藏本無「若」。

〔一二〕影宋本此句原作「雖欲仍引之心」，天禄本作「雖欲仍於之心」，顧本與道藏本作「雖欲行仍引之心」，皆難以解説，今從危大有本删去句末「心」字。又危本此句與下句兩「仍」字並作「扔」。

〔一三〕S三九二六「仍也」作「仍引」，P二六三九作「仍之」。

〔一四〕S三九二六「執持」作「執治」。

〔一五〕危大有此句作「若無兵可持也」。

〔一六〕S三九二六「民」字下有「無辜」二字。P二六三九「之」字作「者」。

〔一七〕S三九二六「不道」作「无道」。道藏本「不」字上有「於」字。

〔一八〕强本「丧」作「哀」。道藏本「丧」上有「傷」字。顧本此句作「不忍丧之也」，P二六三九作「隱忍哀痛之」。

〔一九〕P二六三九、S三九二六「欺輕」倒作「輕欺」。集注本「敵家」作「敵人」。

〔二〇〕强本此句作「輕戰則敗亡也」，顧本作「輕戰而貪財寶也」。

〔二一〕S三九二六此句作「輕敵則幾亡吾寶」。

〔二二〕影宋本「敵家」作「敵者」，集注本作「敵人」，今據顧本、强本、治要、P二六三九與道藏本改正。又S三九二六與道藏本「欺輕」並倒作「輕欺」，P二六三九無「輕」字。

〔二三〕S三九二六「身也」作「於身」。

〔二四〕影宋本漏「相」，據强本補。P二六三九「相戰」作「對戰」。

〔二五〕道藏本與治要此句作「則哀勝也已」，P二六三九作「則哀者勝矣」。

〔二六〕S三九二六「仁」作「人」。

〔二七〕道藏本「不遠於死」作「不遠於己」，强本作「不近於死也」，顧本作「必遠於輕敵也」。

知難第七十

吾言甚易知，甚易行。

老子言：吾所言省而易知〔一〕，約而易行。

天下莫能知、莫能行。

人惡柔弱〔二〕，好剛强也〔三〕。

言有宗，事有君。

我所言有宗祖根本，事有君臣上下〔四〕，世人不知者，非我之無德，心與我反也〔五〕。

夫惟無知，是以不我知。

夫唯世人之無知者〔六〕，是我〔道〕德之暗〔昧〕〔七〕，不見於外，窮微極妙〔八〕，故无知也。

知我者希〔九〕，則我者貴〔一〇〕。

希，少也。惟達道者乃能知我〔一一〕，故爲貴也〔一二〕。

是以聖人被褐懷玉。

被褐者薄外，懷玉者厚内，匿寶藏德〔一三〕，不以示人也〔一四〕。

校勘記

〔一〕强本「老子」作「老君」。P二六三九「省」字作「少」。

〔二〕S三九二六「人」字上有「天下」二字。强本無「人」字。P二六三九「人惡」作「惡人」。道藏本「惡」字作「不好」。

〔三〕道藏本「好」字上有「而」。S三九二六、P二六三九「剛」字作「罰」。

〔四〕影宋本「上下」誤作「天下」，據顧本、强本、P二六三九、S三九二六、道藏本與集注本改正。

〔五〕影宋本誤作「不與我反」，强本作「與我反」，顧本作「心與我返也」，今從S三九二六、P二六三九、道藏本與集注本改正。

〔六〕影宋本此句誤作「夫惟聖人也」，治要、P二六三九、S三九二六、集注本皆作「夫惟世人也」，顧本、强本作「夫惟世人無知」，今從道藏本改作「夫唯世人之無知者」。

〔七〕影宋本原作「是我德之暗」，今據P二六三九、顧本、强本與道藏本補「道」字與「昧」字。

〔八〕影宋本原作「窮極微妙」，今據S三九二六、治要、顧本、道藏本與集注本改正。P二六三九「微極」作「無極」。

〔九〕治要「希」作「稀」。

〔一〇〕治要、S三九二六、P二六三九句末並有「矣」。又P二六三九、治要無「者」。

〔一一〕P二六三九、治要、强本無「者」。

〔一二〕S三九二六「也」作「矣」，强本作「之也」。

〔一三〕影宋本「德」誤作「懐」，據S三九二六、P二六三九、顧本、强本、治要、道藏本、集注本、取善集改正。

〔一四〕强本無「以」。顧本、道藏本「示」字下有「於」。治要此句作「爲貴也」三字。

知病第七十一

知不知上，

知道〔而〕言不知〔一〕，是乃德之上〔二〕。

不知知病〔三〕。

不知道〔而〕言知〔四〕，是乃德之病〔五〕。

夫唯病病，是以不病。

夫唯能病苦衆人有强知之病〔六〕，是以不自病也〔七〕。

聖人不病，以其病病，是以不病。

聖人無此强知之病者，以其常苦衆人有此病〔八〕，以此非人〔九〕，故不自病。夫聖人懷通達之知〔一〇〕，託於不知者，欲使天下質朴忠正，各守純性。小人不知道意，而妄行强知之事以自顯著〔一一〕，内傷精神，减壽消年也〔一二〕。

校勘記

〔一〕影宋本無「而」，據道藏本補。P二六三九與强本「言不」作「不言」。

〔二〕〔五〕道藏本無兩「是乃」。

〔三〕Ｐ二六三九作「不知而知病」。

〔四〕影宋本無「而」，據道藏本與顧本補。

〔六〕强本無「能」。集注本「苦」作「若」。顧本「强」字上有「此」。Ｐ二六三九「强」作「彊」。

〔七〕顧本、强本「是以」作「是乃」，Ｐ二六三九作「是乃有」。

〔八〕道藏本無「常」。强本、集注本「苦」作「若」。

〔九〕影宋本「此」誤作「比」。據Ｓ三九二六、Ｐ二六三九、强本與集注本改正。又道藏本此句作「以此悲人」，顧本作「以悲人也」。

〔一〇〕道藏本句首「夫」字作「云」。顧本、强本與Ｐ二六三九、Ｓ三九二六句末「知」字作「智」。

〔一一〕影宋本「事」字誤作「爭」，據顧本、强本、Ｐ二六三九、Ｓ三九二六、道藏本與集注本改。

〔一二〕集注本「滅」作「減」。强本「也」作「矣」。

愛己第七十二

民不畏威，〔則〕大威至矣〔一〕。

威，害也。人不畏小害則大害至〔二〕。〔大害者〕〔三〕，謂死亡也〔四〕。畏之者當愛精〔養〕神〔五〕，承天順地也〔六〕。

無狹其所居，

謂心居神〔七〕，當寬柔〔八〕，不當急狹也。

無厭其所生。

人所以生者，以有精神〔九〕。〔精神〕託空虛〔一〇〕，喜清靜〔一一〕，〔若〕飲食不節〔一二〕，忽道念色，邪僻滿腹〔一三〕，爲伐本厭神也〔一四〕。

夫惟不厭，是以不厭。

夫唯獨不厭精神之人〔一五〕，洗心濯垢〔一六〕，恬泊無欲〔一七〕，則精神居之〔而〕不厭也〔一八〕。

是以聖人自知不自見，

自知己之得失〔一九〕，不自顯見德美於外〔二〇〕，〔而〕藏之於內〔二一〕。

自愛不自貴，

自愛其身〔二二〕以保精氣，不自貴高榮名於世〔二三〕。

故去彼取此。

去彼自見、自貴〔二四〕，取此自知、自愛〔二五〕。

校勘記

〔一〕影宋本無「則」，據S三九二六與道藏本補。

〔二〕危大有本此句作「人不可不畏小害，不畏小害則大害至矣」。

〔三〕影宋本無「大害者」，據S三九二六補。顧本作「大害」，亦可。

〔四〕道藏本「謂」作「畏」，S三九二六作「諸」。

〔五〕影宋本「愛精養神」作「愛精神」，顧本作「保精養神」，道藏本作「保養精神」，今從S三九二六、P二六三九、强本與取善集補「養」字。

〔六〕S三九二六與顧本作「順地承天」。

〔七〕道藏本作「謂人心藏神」。

〔八〕顧本作「常當寬柔」，道藏本作「常當安柔」。

〔九〕影宋本「以」字作「爲」，今從顧本、强本、P二六三九、S三九二六、道藏本與取善集改。

〔一〇〕影宋本漏「精神」二字，據顧本、P二六三九、S三九二六與取善集補。又顧本「託」下有「於」。

〔一一〕影宋本「靜」作「淨」，據强本、道藏本、S三九二六、集注本與取善集改。又顧本「喜」下有「於」。

〔一二〕影宋本無「若」，據顧本補。

〔一三〕P二六三九、S三九二六「邪」作「耶」。顧本與取善集「僻」作「辟」。

〔一四〕顧本與取善集此句作「爲伐命散神也」，道藏本作「爲此伐命散神也」。又危大有本此段注作「人所以生者，爲有精神，若忽其道，好其色，是謂伐本厭神」。

〔一五〕顧本「厭」作「猒」。

〔一六〕顧本、强本、S三九二六、P二六三九、道藏本與取善集均作「洗心垢濁」，集注本與天禄本作「洗心濁垢」，危大有作「洗心滌垢」。

〔一七〕顧本「恬泊」作「淡泊」，危大有作「澹泊」，P二六三九、S三九二六與天禄本作「恬怕」，集注本作「恬怡」，取善集作「恬淡」，皆可通。

〔一八〕影宋本無「而」，據道藏本與取善集補。又顧本「則」作「即」，「厭」作「猒」。

〔一九〕危大有本此句作「自知者，自見己之得失」。

〔二〇〕危大有本此句作「不自見者，不自顯露德美於外」。

〔二一〕影宋本無「而」，據道藏本與取善集補。

〔二二〕危大有本此句前有「自愛者」三字。

〔二三〕危大有本此句前有「不自貴者」四字。顧本「貴高」作「高貴」。

〔二四〕危大有本句首有「去彼者」三字。P二六三九「自見自貴」作「自貴自見」。

〔二五〕危大有本句首有「取此者」三字。

任爲第七十三

勇於敢則殺，

勇〔於〕敢有爲〔一〕，則殺〔其〕身〔二〕。

勇於不敢則活。

勇於不敢有爲，則活其身〔三〕。

此兩者〔四〕，

謂敢與不敢也〔五〕。

或利或害。

活身爲利，殺身爲害。

天之所惡，

惡有爲也。

孰知其故？

誰能知天意之故而不犯〔之〕〔六〕？

是以聖人猶難之。

言聖人之明德猶難於勇敢〔七〕，况无聖人之德而欲行之乎〔八〕？

天之道〔九〕，不爭而善勝，

天不與人爭貴賤，而人自畏之〔一〇〕。

不言而善應，

天不言，萬物自動以應時〔一一〕。

不召而自來，

天不呼召〔一二〕，萬物皆負陰而向陽〔一三〕。

繟然而善謀〔一四〕。

繟，寬也〔一五〕。天道雖寬博，善謀慮人事，修善行惡，各蒙其報也。

天網恢恢〔一六〕，踈而不失〔一七〕。

天所網羅恢恢甚大〔一八〕，雖踈遠〔一九〕，司察人〔之〕善惡〔二〇〕，無有所失〔二一〕。

校勘記

〔一〕影宋本漏「於」，據道藏本補。

〔二〕影宋本「則」作「卽」，據S三九二六、P二六三九、顧本、强本、道藏本與集注本改。又影宋本漏「其」，據S三九二六與道藏本補。又顧本句末有「矣」。

〔三〕强本句末有「者也」。

〔四〕道藏本句首有「知」字，强本與P二六三九句首有「常知」二字。

〔五〕取善集句首有「兩者」二字。

〔六〕「而不犯之」，影宋本「漏」之字，强本、道藏本並作「不犯之」，顧本作「不敢犯也」，今從S三九二六作「而不犯之」。

〔七〕道藏本無「之」。

〔八〕S三九二六無「而」。顧本「欲行」作「敢行」，道藏本作「能行」。

〔九〕治要與P二六三九無「之」。

〔一〇〕治要、P二六三九、强本無「自」。S三九二六「自」作「皆」。

〔一一〕影宋本「以應時」原作「應以時」，今據S三九二六、P二六三九、治要、顧本、强本、道藏本與集注本改正。又顧本句首有「而」。

〔一二〕顧本、S三九二六句末多「萬物」二字，與下句首「萬物」二字相連。

〔一三〕道藏本「皆」字下有「自」。

〔一四〕釋文謂「繟」字河上作「墠墠，寬也」。

〔一五〕顧本「寬也」作「寬大也」。

〔一六〕P二六三九、S三九二六「網」作「綱」。

〔一七〕治要、S三九二六「踈」作「疏」。

〔一八〕危大有與道藏本「天所」作「天之」。顧本、道藏本、治要「網羅」作「羅網」，P二六三九、S三九二六作「羅綱」。

〔一九〕顧本、道藏本「雖」下有「則」，危大有本有「曰」。S三九二六與治要「踈」作「疏」。

〔二〇〕顧本、道藏本「司察」作「若司察」，危大有作「而察」。又危大有本「人」下有「之」字。

〔二一〕道藏本作「無所失也」，P二六三九作「無有失之」。

制惑第七十四

民不畏死，

治國者刑罰酷深〔一〕，民不聊生〔二〕，故不畏死也。治身者嗜欲傷神〔三〕，貪財殺身〔四〕，民不知畏之也〔五〕。

奈何以死懼之？

人君不寬〔其〕刑罰〔六〕，教民去〔其〕情欲〔七〕，奈何設刑法以死懼之〔八〕？

若使民常畏死〔九〕，

當除己之所殘剋〔一〇〕，教民去利欲也〔一一〕。

而爲奇者，吾得執而殺之〔一二〕，孰敢〔一三〕？

以道教化而民不從〔一四〕，反爲奇巧〔一五〕，乃應王法執而殺之〔一六〕，誰敢有犯者〔一七〕？老子疾時王〔一八〕，不先〔以〕道德化之〔一九〕，而先刑罰也〔二〇〕。

常有司殺者〔二一〕。

司殺者〔謂〕天〔二二〕，居高臨下〔二三〕，司察人過〔二四〕。天網恢恢，踈而不失也〔二五〕。

夫代司殺者，是謂代大匠斲。

天道至明，司殺有常〔二六〕，猶春生夏長，秋收冬藏〔二七〕，斗杓運移〔二八〕，以節度行之〔二九〕。人君欲代殺之，是猶拙夫代大匠斲木，勞而無功也〔三〇〕。

夫代大匠斲者〔三一〕，希有不傷手矣〔三二〕。

人君行刑罰，猶拙夫代大匠斲〔木〕〔三三〕，則方圓不得其理〔三四〕，還自傷〔其手〕〔三五〕。代天殺者失〔其〕紀綱〔三六〕，不得其紀綱〔三七〕，還受其殃也〔三八〕。

校勘記

〔一〕顧本、道藏本「酷深」倒作「深酷」。

〔二〕S三九二六作「民无聊生」，道藏本作「民無卽生」。

〔三〕道藏本「者」字下有「若」。

〔四〕道藏本「殺身」作「丧身」，P二六三九作「煞身」。

〔五〕治要此句作「不知畏之」，顧本作「而民不知畏也」，道藏本作「民不知所畏也」。P二六三九作「民不知畏」。

〔六〕影宋本漏「其」字，據顧本、强本、P二六三九、S三九二六與治要補。又道藏本與集注本「不寬」作「當寬」。

〔七〕影宋本漏「其」，據顧本與道藏本補。又治要、强本、P二六三九、道藏本「民」字均作「人」。道藏本漏「教」字。

〔八〕强本「刑法」作「刑罰」，治要與P二六三九作「刑罰法」。顧本句末有「乎」字。

〔九〕P二六三九「民」作「人」。

〔一〇〕S三九二六「剋」作「尅」，P二六三九、治要與道藏本作「刻」。又道藏本無「所」。

〔一一〕道藏本此句作「教民之去利欲」，顧本作「而教人去其利欲之心也」。P二六三九「民」字作「人」。

〔一二〕S三九二六「得執」作「執得」。P二六三九「殺」作「煞」，下文同。

〔一三〕治要、强本、P二六三九、S三九二六句末并有「矣」字。

〔一四〕集注本「教化」作「教民」。道藏本無「化」字，「從」字作「徙」。

〔一五〕顧本「奇巧」下有「詐僞」二字。

〔一六〕取善集「應」字下有「以」。S三九二六「執而殺之」作「吾執得而殺之」。

〔一七〕顧本「誰」作「孰」。

〔一八〕顧本「王」作「主」。

〔一九〕影宋本無「以」字，據道藏本與取善集補。又道藏本、取善集「之」字作「人」，危大有作「民」。

〔二〇〕道藏本「先」下有「以」，句末作「者也」。

〔二一〕俞樾謂此句「常」當作「尚」，尚者上也。「上有司殺者」，謂天也。河上公注曰：「司殺者天，居高臨下，司察人過」，是正作「上」字解。案俞說是。

〔二二〕影宋本原無「謂」，今據道藏本與陳景元本補。

〔二三〕天禄本「居」作「居」。

〔二四〕陳景元「司察」作「司殺」。顧本、道藏本與陳景元「人」字下皆有「之」。

〔二五〕顧本、强本、S三九二六、P二六三九、道藏本「也」字上均有「者是」二字。又P二六三九「天綱」作「天網」。

〔二六〕影宋本原作「司殺者常」，顧本與道藏本作「司察有常」。今從S三九二六、P二六三九、强本、集注本改作「司殺有常」。

〔二七〕顧本、强本、P二六三九、S三九二六「秋收」均作「秋成」。

〔二八〕顧本「杓」作「柄」。道藏本無「移」。

〔二九〕道藏本無「度」。

〔三〇〕顧本、道藏本、取善集「勞」字上均有「乃」。又P二六三九「猶」字作「由」,「無功」作「無有功」。

〔三一〕意林無「夫」字。S三九二六無「斲者」二字。P二六三九此句作「夫唯代大匠斲者」。

〔三二〕意林、道藏本、P二六三九、S三九二六「手」字上皆有「其」。S三九二六無「矣」。

〔三三〕影宋本此句誤作「猶拙人代大匠斲」,今據S三九二六、P二六三九、顧本、道藏本、取善集改「人」作「夫」,又補「木」字。

〔三四〕顧本無句首「則」字,道藏本、取善集「則」作「必」。

〔三五〕影宋本漏「其手」,據顧本、道藏本、取善集補。又道藏本無句首「還」字。

〔三六〕影宋本「失其紀綱」原作「失紀綱」,强本、集注本誤作「夫紀綱」,道藏本作「不得其理」,今從顧本與取善集改。

〔三七〕S三九二六、道藏本均無此句。P二六三九無「其」字。

〔三八〕道藏本「還受」作「反受」,顧本與取善集均作「則反受」。又顧本「也」作「矣」。

貪損第七十五

民之飢,以其上食税之多,是以飢。

人民所以飢寒者〔一〕,以其君上税食下太多〔二〕,〔是以〕民皆化上爲貪〔三〕,叛道違德,故飢。

民之難治，以其上有爲〔四〕，是以難治。

民之不可治者〔五〕，以其君上多欲，好有爲也。是以其民化上有爲〔六〕，情僞難治。

民之輕死〔七〕，以其求生之厚，

人民所以輕犯死者〔八〕，以其求生活之事太厚〔九〕，貪利以自危。

是以輕死。

以〔其〕求生太厚之故〔一〇〕，輕入死地也〔一一〕。

夫唯無以生爲者〔一二〕，是賢於貴生〔一三〕。

夫唯獨無以生爲務者，爵祿不干於意，財利不入於身〔一四〕，天子不得臣，諸侯不得使〔一五〕，則賢於貴生也〔一六〕。

校勘記

〔一〕顧本「人民」作「民之」。影宋本「飢寒」誤作「飢深」，據顧本、强本、S三九二六、P二六三九、治要、道藏本、集注本改正。

〔二〕顧本與道藏本「税食」作「食税」。

〔三〕影宋本漏「是以」二字，據顧本、强本與S三九二六補。又影宋本「貪」誤作「矣」，據S三九二六、顧本、强本、道藏本、集注本與天禄本改正。

〔四〕影宋本「上」字下衍「之」字，據P二六三九删。

〔五〕治要「民之」作「人民」。

〔六〕治要無「是以」。

〔七〕强本、治要、S三九二六「民」均作「人」。

〔八〕道藏本「人民」作「人之」。又影宋本漏「所以」二字，據顧本、强本、P二六三九、S三九二六、治要補。

〔九〕影宋本「求生活之事」誤作「求生活之道」，顧本作「求活之事」，今從道藏本改正。案第五十章「以其求生之厚」句注文正作「以其求生活之事太厚」。

〔一〇〕影宋本漏「其」字，S三九二六「以其」作「是以」，今據顧本補「其」字。又道藏本「太厚」作「太過」。顧本、道藏本皆無「之」。

〔一一〕道藏本無「輕」。

〔一二〕P二六三九「生爲者」作「生爲生者」。

〔一三〕P二六三九「是」字下有「乃」字。

〔一四〕顧本「身」作「心」。P二六三九「入」作「利」。

〔一五〕顧本「使」作「友」。

〔一六〕治要「生也」作「生者也」。

戒强第七十六

人之生也柔弱，

人生含和氣，抱精神，故柔弱也。

其死也堅强。

人死和氣竭，精神亡，故堅强也〔一〕。

萬物草木之生也柔脆，

和氣存也。

其死也枯槁。

和氣去也〔二〕。

故堅强者死之徒，柔弱者生之徒。

以上二事觀之〔三〕，知堅强者死〔四〕，柔弱者生也。

是以兵强則不勝，

强大之兵輕戰樂殺〔五〕，毒流怨結，衆弱爲一强〔六〕，故不勝。

木强則共。

本强大則枝葉共生其上〔七〕。

强大處下〔八〕，柔弱處上。

興物造功，大木處下，小物處上〔九〕。天道抑强扶弱〔一〇〕，自然之效〔一一〕。

校勘記

〔一〕影宋本「故」字誤作「欲」，據顧本、强本、S三九二六、P二六三九、道藏本、集注本、天禄本與取善集改正。

〔二〕道藏本與取善集「去」作「散」。

〔三〕影宋本「以上」作「以其上」，據道藏本删「其」字。

〔四〕「覩之知」，影宋本原誤作「覩知之知」，於義不通。道藏本作「覩而知之」，顧本與取善集作「覩之則知」，今從强本與集注本改作「覩之，知」。

〔五〕顧本句首有「雖」字。

〔六〕强本「爲」作「共」。P二六三九此段注作「國有彊兵則輕」。

〔七〕影宋本「則枝葉」誤作「枝弱」，S三九二六作「者枝葉」，今據顧本、强本、P二六三九、道藏本與集注本改正。

〔八〕S三九二六句首有「故」字。

〔九〕S三九二六作「小木在上」。

〔一〇〕影宋本「天道」誤作「大道」，據顧本、强本、P二六三九、S三九二六與道藏本改。

〔一一〕道藏本「之效」作「效也」。

天道第七十七

天之道，其猶張弓乎？

天道暗昧〔一〕，舉物類以爲喻也。

高者抑之，下者舉之，有餘者損之，不足者益之〔二〕。

言張弓和調之〔三〕，如是乃可用耳〔四〕，夫抑高舉下〔五〕，損强益弱，天之道也〔六〕。

天之道損有餘而補不足，

天道損有餘而益謙〔七〕，常以中和爲上〔八〕。

人之道則不然〔九〕，損不足以奉有餘。

人道則與天道反〔一〇〕，世俗之人損貧以奉富〔一一〕，奪弱以益强也〔一二〕。

孰能有餘以奉天下〔一三〕？唯有道者。

言誰能居有餘之位〔一四〕，自省爵禄以奉天下不足者乎〔一五〕？唯有道之君能行〔之〕也〔一六〕。

是以聖人爲而不恃，

聖人爲德施〔惠〕〔一七〕，不恃〔望〕其報也〔一八〕。

功成而不處，

功成事就，不處其位。

其不欲見賢。

不欲使人知己之賢〔一九〕，匿功不居榮〔名〕〔二〇〕，畏天損有餘也。

校勘記

〔一〕顧本「暗昧」作「杳邈」，强本作「孔明」。

〔二〕影宋本「益之」原作「與之」，論河上注云：「損强益弱」，則作「益」字近是，今從P二六三九改正。

〔三〕顧本「之」字下有「義」字。

〔四〕影宋本無「耳」，據顧本、S三九二六補。

〔五〕顧本「夫」作「天」。道藏本「舉」作「與」。

〔六〕强本作「天地之道」。

〔七〕强本「天道」作「天之道」。意林此句略作「天道益謙」，道藏本作「天道損盈益謙」。

〔八〕顧本「常以」上有「言天道」三字。道藏本「常以」作「天道以」，强本作「天常尚」。又道藏意林「爲上」作「是上」，明本意林作「爲尚」。

〔九〕S三九二六無「之」。

〔一〇〕「人道則與」，道藏本作「人之道與」，顧本與取善集作「人道與」。

〔一一〕道藏本、取善集「損貧以奉富」作「損貧益富」。

〔一二〕道藏本、取善集「奪弱以益强」作「奪弱與强」。

〔一三〕廣明幢「有」字上有「以」。道藏本此句作「能以有餘奉天下」。P二六三九作「孰能以有餘奉天下」。

〔一四〕取善集無「言」。道藏本無「能」。强本無「之」。

〔一五〕强本無「者」，道藏本無「乎」。

〔一六〕影宋本無「之」，據顧本、S三九二六補。强本「之也」作「之耳」。道藏本此句作「唯有道德之君而能行之也」。

〔一七〕影宋本無「惠」，據顧本、道藏本補。

〔一八〕影宋本無「望」，據S本九二六、顧本、强本與道藏本補。

〔一九〕道藏本無「使」。

〔二〇〕影宋本「不居榮名」誤作「不居榮」，强本作「不居」，顧本作「不居其榮名」，今據S三九二六、道藏本、集注本補

「名」字。

任信第七十八

天下柔弱莫過於水，

圓中則圓〔一〕，方中則方〔二〕，壅之則止〔三〕，決之則行。

而攻堅强者莫之能勝〔四〕，

水能懷山襄陵〔五〕，磨鐵消銅〔六〕，莫能勝水而成功也〔七〕。

其無以易之〔八〕。

夫攻堅强者，無以易於水。

弱之勝强〔九〕，

水能滅火，陰能消陽〔一〇〕。

柔之勝剛，

舌柔齒剛，齒先舌亡。

天下莫不知，

知柔弱者久長〔一一〕，剛强者折傷。

莫能行，

恥謙卑〔一二〕，好强梁。

故聖人云〔一三〕：

謂下事也。

受國之垢，是謂社稷主〔一四〕；

人君能受國之垢濁者〔一五〕，若江海不逆小流〔一六〕，則能長保其社稷〔一七〕，爲一國君主也〔一八〕。

受國之不祥〔一九〕，是謂天下王。

人君能引過自與〔二〇〕，代民受不祥之殃〔二一〕，則可以王天下〔二二〕。

正言若反。

此乃正直之言〔二三〕，世人不知，以爲反言。

校勘記

〔一〕顧本與道藏本此句前並有「言水柔弱」四字，强本句首有「在」字。

〔二〕强本句首有「在」字。

〔三〕影宋本「壅」字借作「擁」，今據顧本、强本、S三九二六改正。

〔四〕影宋本「莫之」誤作「莫知」，據S三九二六與道藏本改正。

〔五〕顧本作「水能壞山推陵」，S三九二六作「水能壞陵壞山」。

〔六〕S三九二六「磨」作「摩」。强本、道藏本「消」皆作「銷」。

〔七〕道藏本「而成功也」作「而以成其功也」。

〔八〕道藏本此句作「以其無能易之」。

〔九〕道藏本與取善集「弱之勝强，柔之勝剛」二句經文順序顛倒，道藏本作「故柔勝剛，弱勝强」。

〔一〇〕影宋本「能」字誤作「陽」，據顧本、强本、S三九二六、道藏本、集注本、天禄本與取善集改正。又顧本「消」字作「銷」。

〔一一〕影宋本「久長」倒作「長久」，據顧本、强本、S三九二六、道藏本與取善集改正。「久長」與下句「折傷」爲韻。

〔一二〕顧本「謙卑」作「卑謙」。

〔一三〕强本「云」作「言」，S三九二六作「言云」。

〔一四〕强本「主」上有「之」。

〔一五〕影宋本此句誤作「君能愛國垢濁者」，集注本作「君能受國之垢濁者」。今據顧本、强本、S三九二六與道藏本補「人」字與「之」字，並改「愛」爲「受」。

〔一六〕S三九二六「逆」作「逆」。顧本「小流」作「細流」。

〔一七〕顧本「則」作「卽」。又顧本、强本、S三九二六與道藏本皆無「其」字。

〔一八〕顧本、道藏本「君」上有「之」，S三九二六「君」下有「之」。

〔一九〕廣明幢、S三九二六、强本、道藏本皆無「之」字。

〔二〇〕影宋本無「人」字，據顧本補。道藏本「自與」作「歸己」。

〔二一〕道藏本此句作「代民不祥」。

〔二二〕影宋本「天」字上衍「有」，據顧本與道藏本删。又强本無句首「則」字。

〔二三〕强本「乃」下有「爲」字。

任契第七十九

和大怨，

殺人者死，傷人者刑，以相和報。

必有餘怨，

任刑者失人情〔一〕，必有〔餘〕怨〔二〕及於良人也〔三〕。

安可以爲善。

言一人吁嗟〔四〕，則失天心，安可以和怨爲善？

是以聖人執左契〔五〕，

古者聖人執左契，合符信也〔六〕。無文書法律，刻契合符以爲信也。

而不責於人。

但刻契爲信〔七〕，不責人以他事也〔八〕。

有德司契，

有德之君，司察契信而已。

無德司徹。

無德之君，背其契信〔九〕，司人所失〔一〇〕。

天道無親，常與善人。

天道無有親踈〔一一〕，唯與善人，則與司契同也〔一二〕。

校勘記

〔一〕顧本「人」下有「之」。

〔二〕影宋本漏「餘」，據顧本、强本、S三九二六與道藏本補。

〔三〕强本、顧本、S三九二六「良人」作「良民」。

〔四〕强本無「言」字。S三九二六、顧本、集注本「吁嗟」皆作「呼嗟」。

〔五〕治要無「是以」。S三九二六「契」作「㓞」，下文均同此。

〔六〕治要無「執左契合符信也」七字。

〔七〕影宋本「爲信」誤作「之信」，據顧本與道藏本改。又S三九二六「刻」作「尅」。治要此句作「但執刻契信」。

〔八〕道藏本「以」作「於」。

〔九〕影宋本「契信」誤作「契言」，據顧本、强本、治要、S三九二六、道藏本、集注本與取善集改正。

〔一〇〕顧本「人」作「民」，强本作「之」。

〔一一〕治要「踈」字作「疏」。

〔一二〕强本無「與」字。影宋本「同」原作「者」，於義不通，今從顧本、道藏本改正

獨立第八十

小國寡民〔一〕，

聖人雖治大國，猶以爲小〔二〕，儉約不奢泰〔三〕。民雖衆〔四〕，猶若寡少〔五〕，不敢勞之也〔六〕。

使〔民〕有什伯〔七〕，

使民各有部曲什伯〔八〕，貴賤不相犯也〔九〕。

人之器而不用。

器謂農人之器。而不用〔者〕〔一〇〕，不徵召奪民良時也〔一一〕。

使民重死，

君能爲民興利除害〔一二〕，各得其所，則民重死而貪生也〔一三〕。

而不遠徙〔一四〕。

政令不煩則民安其業〔一五〕，故不遠遷徙離其常處也〔一六〕。

雖有舟輿〔一七〕，無所乘之，

清靜無爲〔一八〕，不作煩華〔一九〕，不好出入遊娱也〔二〇〕。

雖有甲兵，無所陳之，

無怨惡於天下。

使民復結繩而用之。

去文反質〔二一〕，信無欺也〔二二〕。

甘其食，

甘其蔬食〔二三〕，不漁食百姓也〔二四〕。

美其服〔二五〕，

美其惡衣，不貴五色。

安其居，

安其茅茨〔二六〕，不好文飾之屋。

樂其俗。

樂其質朴之俗，不轉移也。

鄰國相望〔二七〕，雞狗之聲相聞〔二八〕，

相去近也。

民至老〔死〕不相往來〔二九〕。

其無情欲〔三〇〕。

校勘記

〔一〕S三九二六「寡」作「寡」，後文同此。

〔二〕道藏本「小」字下有「國」。

〔三〕道藏本與取善集「儉」字上有「示」。顧本此句作「示以儉約，不爲奢泰」。

〔四〕顧本「民」字上有「人」。

〔五〕取善集無「猶」，强本「猶」作「由」。顧本、治要、道藏本「少」作「乏」，强本作「之」。

〔六〕顧本「之」作「役」。治要、S三九二六、强本、道藏本、取善集皆無「之」字。

〔七〕影宋本原無「民」字，譣注文云：「使民各有部曲什伯」，則河上本顯有「民」字，今據强本補。

〔八〕天祿本「民」作「人」。集注本「有」作「長」。顧本「伯」作「百」。

〔九〕顧本此句作「貧富貴賤不相侵犯也」。S三九二六「不相犯也」作「不相侵暴」。

〔一〇〕影宋本漏「者」字，據S三九二六、顧本、强本與道藏本補。

〔一一〕影宋本「民」字原作「人」，據顧本、强本、S三九二六。道藏本與集注本改。又集注本無句首「不」字。道藏本「召」字作「實」，「良時」作「之時」。

〔一二〕顧本句首「君」字上有「人」。治要「爲民」作「爲人」。

〔一三〕强本無「而」。顧本「貪生」作「貴生」。

〔一四〕强本無「而」。

〔一五〕影宋本漏「民」字，據S三九二六、强本、集注本、治要與取善集補。又顧本「民」下有「各」字。强本「政」作「正」。

〔一六〕「徙離其常處」，S三九二六作「徙以離其常」，强本作「徙離其常也」，治要作「離其常處也」，道藏無「徙離」二字。

〔一七〕影宋本「輿」作「轝」，據S三九二六、治要與道藏本改。又釋文云：「輿，音餘，河上曰車。」

〔一八〕顧本、强本「靜」作「浄」。

〔一九〕顧本、强本「煩」字作「繁」。

〔二〇〕影宋本「遊」誤作「游」，據顧本、强本、S三九二六、道藏本、集注本改。又治要無「遊娛也」。

〔二一〕顧本「去」作「弃」。

〔二二〕顧本「無」作「不」。

〔二三〕S三九二六「蔬食」作「以疏食」。顧本「食」作「餐」。

〔二四〕S三九二六、道藏本「漁」並作「魚」。集注本此句作「不思食百姓也」。

〔二五〕治要「服」作「衣」。

〔二六〕顧本作「安其茅茨之居」。

〔二七〕意林、廣明幢「鄰」作「隣」。

〔二八〕廣明幢「狗」字作「猗」，意林、强本、道藏本皆作「犬」。

〔二九〕影宋本漏「死」字，據S三九二六、强本、意林、治要、道藏本補。

〔三〇〕治要、意林並作「無情欲也」。

顯質第八十一

信言不美，

信〔言〕者〔一〕，如其實也〔二〕。不美者，朴且質也。

美言不信。

美言者〔三〕，滋美之華辭〔四〕。不信者，飾僞多空虚也。

善者不辯，

善者，以道修身也。〔不辯者〕，不綵文也〔五〕。

辯者不善。

辯者，謂巧言也〔六〕。不善者，舌致患也。土有玉〔七〕，掘其山；水有珠，濁其淵〔八〕；辯口多言〔九〕，亡其身。

知者不博，

知者，謂知道之士。不博者，守一元也〔一〇〕。

博者不知。

博者，多見聞也。不知者，失要真也〔一一〕。

聖人不積。

聖人積德不積財，有德以教愚，有財以與貧也〔一二〕。

既以爲人〔一三〕，己愈有；

既以爲人施設德化，己愈有德。

既以與人，己愈多。

既以財賄布施與人〔一四〕，而財益多〔一五〕，如日月之光，無有盡時。

天之道，利而不害。

天生萬物，愛育之，令長大，無所傷害也〔一六〕。

聖人之道，爲而不爭。

聖人法天所施爲〔一七〕，化成事就〔一八〕，不與下爭功名〔一九〕，故能全其聖功也。

校勘記

〔一〕影宋本漏「言」字，據S三九二六、顧本、强本、道藏本、集注本補。

〔二〕顧本作「實言也」。

〔三〕影宋本此句誤作「滋美之言者」，據S三九二六、顧本、取善集改正。

〔四〕影宋本原作「孳孳華詞」，强本作「孳孳華辭」，S三九二六作「孳孳華辞」，道藏本作「孳孳之美辭」，今從顧本、取善集改作「滋美之華辭」。

〔五〕影宋本此句上原漏「不辯者」三字，據顧本、S三九二六、道藏本補。又强本、S三九二六「綵」作「采」。顧本、道藏本「綵文」作「文彩」。

〔六〕集注本無「謂」。

〔七〕影宋本「土」原作「山」，據顧本、道藏本、集注本改。

〔八〕强本「濁」作「竭」。顧本「淵」作「泉」。

〔九〕道藏「言」下有「者」。

〔一〇〕意林此段注作「知道守一，則不必博多見聞」。

〔一一〕顧本、集注本「要真」作「真要」。意林此句作「失要真，故不知也」。

〔一二〕顧本「與貧」作「施貧」。

〔一三〕S三九二六、强本「爲人」作「與人」。

〔一四〕S三九二六此句作「既以財貨與人」。

〔一五〕强本「而」字作「已」，S三九二六、治要無「而」。

〔一六〕S三九二六無「所」字。顧本「也」字上有「其生」二字。

〔一七〕顧本、S三九二六「所」字上有「無」字。

〔一八〕道藏本「化」字下有「功」。

〔一九〕强本「下」字作「人」，顧本、道藏本作「天下」。

附録一

河上公章句佚文

河上公序言：周道既衰，老子疾時王之不爲政，故著道德經二篇，西入流沙。（梁元帝金樓子卷四立言下）

河上公序云：當周時李氏女姙之八十一歲，剖左腋而生。平王時出關，關令尹喜從求著書，作上下二篇，仍之流沙，莫知所終。（敦煌P二四六二號唐寫本玄言新記明老部）

老子者，姓李名耳。河上公云：名重耳，字伯陽，陳國苦縣厲鄉人。（陸德明：經典釋文卷一敍録，又卷二十五老子道德經音義）

道德經序云：老子脩道自隱，以無名爲務，周衰出關，二篇之教乃作。〔又〕：序云：懷於李氏，處胎八十一年，蓋太陽之數，壽一百六十年。（唐法琳辨正論卷六）

河上公云：大道之世，無爲養神，無事安民。謂無所施爲，無所造作，日出而起，日入而止，名爲大道。（辨正論卷二）

古來名儒及河上公注五千文，視之不見名曰夷，夷者精也，聽之不聞名曰希，希者神也。摶之不得名曰微，微者氣也。（辨正論卷六）

河上公解老子言：躁氣在上，陽氣伏於下，所以故熱。人體陰陽，義亦如是。春夏舒散，陽氣開發，宜以温食，用和陰氣。秋冬閉斂，陽氣在内。（隋蕭吉五行大義卷三）

河上公云：道四通也。（唐孟安排道教義樞卷一）

附録二

老子道德經序訣

太極左仙公葛玄造

老子體自然而然，生乎太无之先，起乎无因，經曆天地終始不可稱載。終乎无終，窮乎无窮，極乎无極，故无極也。與大道而輪化，爲天地而立根，布氣于十方，抱道德之至純，浩浩蕩蕩，不可名也。煥乎其有文章，巍巍乎其有成功，淵乎其不可量，堂堂乎爲神明之宗。三光持以朗照，天地稟以得生，乾坤運以吐精，高而无民，貴而无位，覆載无窮，是教八方諸天，普弘大道。開闢以前，復下爲國師，代代不休，人莫能知之。匠成萬物，不言我爲，玄之德也。故衆聖所共尊。道尊德貴，莫之命而常自然，惟老氏乎！周時復託神李母，剖〔一〕左腋而生，生卽皓然〔二〕，號曰老子。老子之號，因玄而生〔三〕，在天地之先，无衰老之期，故曰老子。世人謂老子當始于周代。老子之號，始于无數之劫〔四〕，甚窈窈冥冥，眇邈久遠矣。世衰，大道不行，西遊天下。關令尹喜曰：「大道將隱乎？願爲我著書。」于是作道德二篇，五千文上下經焉。夫五千文宣道德之源，大无不包〔五〕，細无不入，天人之自然經也。余先師有言：精進研之，則聲參太極。高上遥唱，諸天懽樂〔六〕，則携契玄人。靜思期真，則衆妙感會。内觀形影，則神氣長存。體洽道德，則萬神震伏。禍滅九陰，福生十方，安國寧家，孰能知乎？无爲之文，悪〔七〕之不辱，餝之不榮，撓之不濁，澄之不清，自然也〔八〕。應道而見，傳告无窮，常者也。故知常曰明。大道何爲哉，弘之由人。斯文尊妙，可不極精乎！粗述一篇，惟有道者寶之焉。

河上公者〔九〕，莫知其姓名也。漢孝文皇帝時結草〔一〇〕爲菴于河之濱，常讀老子道德經。文帝好老子之言，詔命諸王公大臣州牧二千石朝直衆官，皆令誦之。有所不解數句，時天下莫能通者。聞侍郎説河上公誦老子，乃遣詔使賫所不了義問之。公曰：「道尊德貴，非可遥問也。」文帝卽駕從詣之。帝曰：「普天之下，莫非王土；率土之濱，莫非王臣，域中有四大，王居其一也，子雖有道，猶朕民也，不能自屈，何乃高乎？朕足使人富貴貧賤。」須臾，河上公卽撫掌坐躍〔一一〕，冉冉在虚空之中〔一二〕，如雲之昇，去地百餘丈，而止於玄虚。良久，俛而答帝曰：「余上不至天，中不累人，下不居地，何民之有？陛下焉能令余富貴貧賤乎。」帝乃悟，知是神人，方下輦稽首禮謝曰：「朕以不德，忝統先業，才不任大，憂于不堪，雖治世事，而心敬道德，直以闇昧，多所不了。惟蒙道君弘愍，有以教之，則幽夕覩太陽之耀光。」河上公卽授素書老子道德經章句二卷〔一三〕，謂帝曰：「熟研此，則所疑自解。余注是經以來千七百餘年，凡傳三人，連子四矣，勿示非其人。」文帝跪受經。言畢，失公所在。論者以爲：文帝好老子大道，世人不能盡通其議，而精思遐感仰徹，太上道君遣神人特下〔一四〕，教之便去耳。恐文帝心未純信，故示神變以悟帝意，欲成其道真。時人因號曰河上公焉。

太極左仙公葛玄曰：老子以上皇元年正月十二日丙午太歲丁卯下爲周師，到无極元年太歲癸丑五月壬午去周西度關。關令尹喜宿命合道，豫占〔一五〕見紫雲西邁，知有道人當度，仍齋潔〔一六〕燒香，想見道真。以其年十二月二十五日，老子度關也。喜見老子，迎設禮稱弟子〔一七〕。老子曰：「汝應爲此宛利天下棄賢世傳弘大道，子神仙者矣。」以二十八日日中授太上道德經。義洞虛无，大无不包〔三一〕，細无不入，聖王不能盡通其義。昔漢孝文皇帝好大道，縱容无爲之堂，嘆凡聖無能解此玄奧，精思遠感上徹，太上道君〔一八〕遣真人下授文帝希微之旨，道人卽信誓傳授。至人比字校定，外人所雜傳多誤，今當參校此正之，使與玄洞相應，十方諸天人神仙、天地鬼神所宗奉文同，无一異矣。吾已於諸天神仙大王校定〔一九〕，受傳天人至士賢儒，當宗極正真，弘道大度，何可不精得聖人本文者乎？吾所以有言此，欲正玄妙于天地人耳。今說是至矣、明矣，夫學仙者，必能弘幽賾也〔二〇〕。

道士鄭思遠曰：余家師葛仙公受太極真人徐來勒道德經上下卷〔二一〕，仙公曩者所好，加親見真人，教以口訣，云：「此文道之祖宗也，誦詠萬遍〔二二〕，夷心注玄者，皆必升仙。尤尊是書，日夕朝拜。朝拜願念，具如靈寶法矣。學仙君子，宜弘之焉。」仙公常秘此言，無應仙之相好者不傳也。

太極隱訣〔二三〕

先燒香，整服，禮十拜〔二四〕，心存玄中大法師，老子、河上真人、尹先生。因開經蘊，呪曰：

玄玄至道宗，上德體洪元。
天真雖遠妙，近緣泥丸君。
宫室皆七寶，窗牖自有分。
清靜常致真，駕景乘紫雲。
日月左右照，升仙常年全。
七祖上生天，世爲道德門。

畢，叩齒三十六通，咽液三十六過。先心存左青龍、右白虎、前朱雀、後玄武，足下八卦神龜，三十六師子伏在前。頭巾七星，五藏生五炁，羅文覆身上。三一待經，各從千乘萬騎，天地各有萬八千玉童玉女衞之〔二五〕。口訣：讀經五百言，輙叩齒三，咽液三也〔二六〕。

校注

按隋書經籍志著録:「梁有……老子序決一卷，葛仙公撰。」葛仙公即三國吴道士葛玄（？—二四四年），道教稱作太極左仙公。東晉南朝靈寶派道士造經，常託稱葛玄。此文原題「太極左仙公葛玄造」，恐亦爲南朝道士所託。北周釋甄鸞笑道論始引此文，隋唐釋道二家典籍於此文亦頗多引述，或題作道德經序，或題五千文序。案所謂五千文者，係東晉南北朝道士删減老子道德經爲五千字，託稱漢鎮南將軍、道教係天師張魯删定，故稱「張鎮南古本」或「係師定本」。又因五千文前有葛玄序訣，故稱「葛本」。隋唐道教弟子入道後，皆須從道師盟誓傳授五千文。今敦煌所出唐人鈔寫五千文本道德經，其經文前即冠以葛玄序訣。宋人刊刻老子河上公章句，始節録葛玄序訣冠於卷首，如四部叢刊影宋本、天禄琳琅叢書影宋本、宋景定刊纂圖互注本，皆是其例。或以爲葛玄序訣即爲原本河上公章句之序，其實不然也。

敦煌道德經鈔本録存葛玄序訣者，有S七五、一五八五、P二五八四、二三七〇、二三二九、二四〇七、二五九六—二四三五、二四六二，DX二七六一，以及貞松堂藏本等。各本文字皆有殘缺，相互校補，可得全文。又道藏靡字號所收北宋張氏編道德真經集注，其卷首所載葛玄序，係節録序訣前四段文字，但删去了「太極隱訣」。

現以敦煌S七五、P二五八四號爲底本，以其它敦煌抄本參校，録存序訣全文。

〔一〕「剖」字S七五誤作「割」，S一五八五誤作「部」，今據P二四〇七改。

〔二〕「皓然」，S七五誤作「皓皓然」，今據S一五八五及P二四〇七删改。

〔三〕S一五八五「生」字作「出」。

〔四〕「劫」字S七五原作「㤼」，據S一五八五、P二四〇七改。

〔五〕「包」字S七五原作「苞」，據S一五八五、P二四〇七改。

〔六〕S一五八五「懽」作「歡」。

〔七〕S一五八五「惡」字作「汙」。

〔八〕S一五八五「自然」上多一「湛」字。

〔九〕S七五原缺「者」字，據P二五九六補。

〔一〇〕S七五原缺「結」字，據P二五八四、二五九六補。

〔一一〕S七五「揄掌」原誤作「俯掌」，據P二五八四、二五九六改。

〔一二〕案敦煌各本「冉冉」均作「舟舟」，今據道藏本改。

〔一三〕S七五「卷」字原作「弓」，據P二四三五改。

〔一四〕「特」字S七五原誤作「持」，其它各本均作「特」。

〔一五〕「豫占」P二三二九作「預占」。

〔一六〕「潔」字S七五原作「絜」，其它各本皆作「潔」。

〔一七〕P二三二九此句作「迎設禮自稱弟子」。P二四六二作「奉迎設禮自稱弟子」。

〔一八〕P二三七〇、二五八四、二四三五及貞松堂本皆無「君」字。

〔一九〕P二四六二「大王」作「大聖」。

〔一〇〕以上三段文字以S七五爲底本，以下兩段以P二五八四爲底本。

〔一一〕P二五八四、二三七〇「上下卷」並作「上下弓」；P二四三五、二四六二作「上下二卷」。此據P二三二九。

〔一二〕P二四六二「誦詠」作「誦經」。

〔一三〕P二三二九作「太上隱訣」。

〔一四〕P二三二九此句作「禮十方三拜」。

〔一五〕P二三二九、二四三五「玉童玉女」並作「玉女玉童」。

〔一六〕P二五八四、二三四五、二三七〇、二三二九及貞松堂本此句後提行接抄五千文本老子道德經。P二四六二於「太極隱訣」四字後接抄玄言新記明老部。

附録三

老子道德經河上公章句版本提要

老子道德經幢（簡稱廣明本）

此幢刻於唐廣明元年（公元八八〇年）。清咸豐五年吴雲於江蘇泰州發現，後移置鎮江焦山定慧寺。幢已殘損，文字剥蝕嚴重。所刻爲道德經白文，據第四面所刻「老子德經河上公章句」字樣，可知其經文爲河上本。（參見吴雲二百蘭亭齋金石記、魏錫曾績語堂碑録、武内義雄老子研究。）

老子道經河上公章句

敦煌唐寫本，S四七七號。首尾均殘損，起第三章「讓不處權」句，終第二十章「如春登臺」句，存二百四十八行，開首十六行有斷缺。各章均無章名。第十六章後題「老子道經河上公章句第二品」，原本當爲四品。經文與注文連書，注單行，經注間空一格以示區别。

老子德經河上公章句

敦煌唐寫本，S四六八一——P二六三九號。兩本原爲同一卷子而撕裂爲二，接合後卷尾仍有殘缺。卷首題「老子德經下卷上，河上公章句」，原本當爲四卷。起德經第三十八章，終第七十七章「奉天下唯有道」句。各章無章名。經文單行，注爲雙行小字。

老子德經河上公章句

敦煌唐寫本，S三九二六號。卷首殘缺，起第三十九章「汲汲求賢」句，卷尾完好，終德經第八十一章末。各章無章名。第五十九章後題「老子德經下河上公章句第四」，原本當爲四卷。經注連書，注單行，經注間空一格以示區别。

老子道德經注殘片

敦煌唐寫本殘片，有日本四天王寺大學藏本、西域考古圖譜收録本，前者存河上公章句第二十五章，後者存第六十一章部分内容。注爲雙行小字。

（以上敦煌諸本參見王重民敦煌古籍叙録，大淵忍爾敦煌道經目録編，武内義雄老子研究。）

老子道德經河上公章句（簡稱影宋本）

四卷。四部叢刊影印常熟瞿氏鐵琴銅劍樓藏宋建安虞氏刊本。編首節録葛玄老子道德經序訣前二段以爲序，其次爲目録。正文各章前有章名。注爲雙行小字，内「愼」字減筆，蓋避宋孝宗諱也。注文中雜有音釋及王弼、唐明皇注，且多用俗字、異體字，紙墨不精，係南宋麻沙坊刻本，明代刻本多近於此本。（參見黄丕烈百宋一廛書録、瞿鏞鐵琴銅劍樓藏書目録。）

音注河上公老子道德經（天禄本）

四卷。天禄琳瑯叢書影印宋劉氏刊本。原題「東萊先生吕祖謙重校正」。此本文字及行款最接近四部

叢刊影宋本。編首序文、篇目、經注文字及所附音釋，皆同於影宋本，僅個別誤刻字除外。故此本亦當爲南宋麻沙坊刻本

道德真經注（道藏本）

四卷。明正統道藏收入。題「河上公章句」。各章前有章名。經注連書，注爲單行小字。内「匡」字减筆，避宋太祖諱，當係從北宋政和刊舊道藏翻刻，其篇第近古，勝於四部叢刊影宋本。

道德真經注疏（顧本）

八卷。正統道藏收入，原題「吴郡徵士顧歡疏」。按顧歡爲南朝道士，卒於南齊永明年間，而此本引及唐人注解，顯非顧氏所作，應爲唐人舊著。書中録存老子古注二十餘家，河上注基本保全，僅缺漏第四至十章。注文近古本，可訂正影宋本數百處。

道德真經玄德纂疏（强本）

二十卷。正統道藏收入。題「濛陽强思齊纂」。編首有乾德二年（九二〇年）杜光庭序，謂强思齊字默越，濛陽人，高祖神武皇帝（前蜀王建）賜號玄德大師，爲報答聖恩，乃纂集是書。書中録存唐玄宗、河上公、嚴君平、李榮、成玄英等人道德經注疏。其中河上公注全部録存。文字與道藏本、顧歡本注文接近。

道德真經集注（集注本）

十卷。正統道藏收入。題「唐明皇、河上公、王弼、王雱注」。編末有北宋元符元年（一〇九八年）梁迥

序文，謂「太守張公」命學者纂集四家注解而成此書，刊行於世。書中完全保存河上公注文，文字較接近四部叢刊影宋本。

道德真經集義（劉本）

十七卷，正統道藏收入。元人劉惟永編集，書成於大德三年（一二九九年）。原書卷帙浩繁，現僅殘存十七卷。書中録存道德經（前十一章）古注八十家，其中河上本經注皆存。

經典釋文（簡稱釋文）

唐陸德明撰。四部叢刊本。書中有老子道德經音義一卷，以王弼本爲底本，引河上注文數十條。

羣書治要（簡稱治要）

唐魏徵等編。四部叢刊本。本書第三十四卷摘録老子河上公注文。

意林

唐馬摠編輯。道藏本、四部叢刊本。是書乃節録諸子書而成，其中摘録有河上公老子注文。

養性延命録（簡稱延命録）

梁陶弘景撰，一説唐孫思邈撰。道藏本。書中摘録老子第六章、五十章注文。

老子道德經開題序訣義疏（成玄英疏）

唐成玄英疏。原書七卷，已佚，蒙文通有輯本。書中引河上注文數條。（參見蒙文通校理老子成玄英疏叙録）

老子道德經古本集注（范應元本）

宋范應元撰。續古逸叢書影宋本。是書以傅奕老子古本爲底本，精選河上、王弼等三十餘家爲之校注，内引河上章句數十條。

道德真經取善集（取善集）

十二卷。正統道藏收入。題「宋饒陽居士李霖集」。編首有金大定壬辰（一一七二年）李霖自序，謂此書取諸家之善而成。書中摘録諸家老子注文，以霖説殿後。所取河上注文近百條。

道德真經集注釋文（彭耜本）

一卷。南宋彭耜撰。正統道藏收入。書中引河上注文數條。

道德真經藏室纂微篇（陳景元本）

十卷。南宋陳景元撰。正統道藏收入。書中摘録河上注二十餘條。

道德真經集義（危大有本）

十卷。明危大有撰。正統道藏收入。書中引河上注十餘條。

（以上各本爲本書校勘資料）

老子道德經二卷

日本舊鈔本，寶素堂藏。編首有宋林希逸鬳齋口義發題一篇。卷首題「老子道德經上　河上公章句」，次行題「道可道章」第一，下注「體道章」。每半葉九行，行二十字。注雙行。卷尾記「于旹天正六年戊寅孟夏下旬寫之關東下野州足利之内學校下真端」。

老子道德經

日本活字刊本，寶素堂藏。書前有葛洪序文。卷首題「老子道德經上　河上公章句」，次行題「體道第一」。每半版七行，十七字。注雙行。不記梓行歲月。卷首有大應寺印。又明弘治乙丑寶書堂刊本，昌平學藏。又明刊本，求古堂藏，俱未見。（以上參見澁江全善、森立之撰經籍訪古志）

老子德經一卷

日本鎌倉時代舊鈔本，奈良聖語藏尊藏。今殘存德經一卷，有大正十二年影印本。此本經注較四部叢刊影宋本爲善。（參見狩野直喜：舊鈔老子河上公注跋）

老子道德經四卷

日本天文十五年舊鈔本，大阪府立圖書館藏。編首有葛洪老子經序。正文首題「老子道經上河上公章句」。無章名，但有眉批云：「道可道第一　體道第一」。

又日本舊鈔本，仙臺瀧川君山氏藏。卷首有葛洪序

又日本慶長頃活字刊本，大阪圖書館藏。卷首有葛洪序。

又近衛公爵家本，京都大學藏。卷首亦有葛洪序。（以上參見武内義雄：老子原始、老子の研究）

雙鈎河上公注道德經

日本山人蒲云刊。嚴靈峰老莊列三子知見書目著録。

纂圖互注老子道德經二卷

題「河上公章句注釋」。卷首有宋景定改元(一二六〇年)龔士卨六子全書序、葛玄道德經序、初真圖、金丹圖、老氏聖紀圖、混元三寶圖等。除河上注外，又附有音釋、重言、互注、解曰等内容。音釋乃鈔録經典釋文。互注、解曰則出自林希逸老子口義。清人著録此本者甚多，或以爲宋本，或定爲元本，諸家所記之行格題款亦稍有不同。蓋其書初爲南宋龔士卨所刻，元人又有翻刻本也。明萬曆間臨川朱東光刻中都四子集本、日本京都大學藏建仁寺塔所出常澄石門師遺書本、嚴靈峰無求備齋老子集成初編所收龔士卨纂圖互注本老子，均屬於此本。此本刻印拙劣，蒐羅煩雜，任意增删河上注文，故雖爲宋元古本，實不足爲據。(以上參見：孫星衍平津館鑒藏書籍記、陸心源儀顧堂書跋、莫繩孫部亭知見傳本書目、邵懿辰四庫簡明目録標注、葉昌熾滂喜齋藏書記、王頌蔚古書經眼録、瞿鏞鐵琴銅劍樓藏書目録、王重民老子考，以及北京圖書館藏善本書目録。)

老子道德經二卷

題河上公注。明嘉靖間吴郡顧春校讎上梓，爲世德堂刊六子之一。清代諸家書目多有著録。現藏北京圖書館。此本與四部叢刊影宋本相近，號稱善本。

老子道德經二卷

明刊黑口本，原題「河上公章句」，無注。

又明烏程閔齊伋刊朱墨套印本，爲閔氏所刻三子之一。原題「河上公章句」，無注。

又明萬曆五年廣東刊本，爲施堯臣所編四子本之一。題「河上公章句」，無注。（以上三本參見臺灣國立中央圖書館善本書目。）

老子注二卷

原題「河上公注」。清四庫全書本。

重校老子河上公注二卷

清道光間高郵王引之所據，乙巳其弟王用之刊，洪亮吉爲之序。又亮吉自稱有「河上公注老子足本校刊二卷」。（參見王重民老子考）

老子道德經河上公章句

清光緒二十年湖南學庫山房元記書局校刻。內有無名氏校語，後附釋文及校刊記。

老子河上公章句校本四卷

民國間蒙文通氏以顧本、强本校集注本、道藏本、四部叢刊本、天禄琳琅本、世德堂本，詳爲校記以附之。（參見蒙文通校理老子成玄英疏叙録）

附録四

本書參考文獻目録

王念孫：讀書雜誌餘編
俞　樾：諸子評議
劉師培：老子斠補
朱謙之：老子校釋
于省吾：雙劍誃諸子新證
蔣錫昌：老子校詁
馬叙倫：老子校詁
陳　柱：老子集訓
曹聚仁：老子集注
畢　沅：老子道德經考異
姚　鼐：老子章句

易順鼎：讀老札記
李　翹：老子古注
奚　侗：老子集解
勞　健：老子古本考
焦　竑：老子翼
魏　源：老子本義
李　善：文選注
李　賢：後漢書注
皇　侃：論語集解義疏
梁元帝：金樓子立言篇
甄　鸞：笑道論
蕭　吉：五行大義
法　琳：辯正論
玄　嶷：甄正論
葛　洪：神仙傳
無名氏：洞真太上太霄琅書

上清太極隱注玉經寶訣
太極真人敷靈寶齋戒威儀諸經要訣
太上三天内解經
老子道德經序訣
傳授經戒儀注訣
三洞奉道科戒儀範
張萬福：傳授三洞經戒法籙略説
孟安排：道教義樞
杜光庭：道德真經廣聖義
謝守灝：混元聖紀
李道純：道德會元
（右十二種見正統道藏與敦煌道經）
王重民：老子考
敦煌古籍叙録
饒宗頤：老子想爾注校箋
王　明：道家與道教思想研究

唐文播：河上公老子章句作者考

敦煌老子寫卷係師定河上真人章句考

鄭成海：老子河上公注斠理

武内儀雄：老子原始

老子研究

大淵忍爾：敦煌道經目録編

道教史の研究

酒井忠夫：道教の總合的研究

楠山春樹：老子傳説の研究

狩野直喜：舊鈔老子河上公注跋